As mais lindas histórias de amor da Bíblia

Universo dos Livros Editora Ltda.
Rua Haddock Lobo, 347 – 12ºandar • Cerqueira César
CEP 01414-001 • São Paulo/SP
Telefone: (11) 3217-2603 • Fax: (11) 3217-2616
www.universodoslivros.com.br
e-mail: editor@universodoslivros.com.br
Siga-nos no Twitter: @univdoslivros

Allan F. Wright

As mais lindas histórias de amor da Bíblia

São Paulo
2011

UNIVERSO DOS LIVROS

Diretor-Editorial
Luis Matos

Assistente-Editorial
Noele Rossi
Talita Camargo
Talita Gnidarchichi

Preparação
Jaqueline Carou

Revisão
Nathalia Ferrarezi

Arte
Stephanie Lin

Diagramação
Fábio Failde

Capa
Elaine Vieira

Dados Internacionais de Catalogação na Publicação (CIP)
(Câmara Brasileira do Livro, SP, Brasil)

W947m Wright, Allan F.

As mais belas histórias de amor da Bíblia / Allan F. Wright ; [tradução de Luis Fernando Protássio]. – São Paulo : Universo dos Livros, 2011.
208 p.

Tradução de: The Bible's Best Love Stories

ISBN978-85-7930-237-4

1. Auto-ajuda. 2. Bíblia. I. Título.

CDD 220

Para Desiree, Sophia, Cataleen e Abigail.
As grandes histórias de amor da minha vida.

"Nada atrai mais do que o amor...
Ame e você ganhará cada coração."

– Irmã Pauline Von Mallinckrodt,
fundadora das Irmãs da Caridade Cristã

LDM

"Louvor a Deus e à Virgem Maria."

Laudetur Deo Mariaeque

Agradecimentos

Gostaria de agradecer a todos aqueles que têm servido de modelo de amor em minha vida e àqueles que, por meio de seu amor, ofereceram apoio e incentivo à minha vocação de discípulo, marido e pai: em primeiro lugar, a Ivan e Jane Wright, meus pais, cuja presença em minha vida continua a ser uma bênção; a Nina e Chris, Cheri, Charlie, David e Diane. Um grande agradecimento a Amber Dolle, que amorosamente teve tempo para "examinar" e dar um *feedback* sobre este projeto. Agradeço também a seu marido, Nick, e a seus filhos, John Paul e Andrew. Agradeço a Jordan e Trish, Kelsey, Paula e Monroe, Shawn, Toni, Christine e Cameron, e ao Dr. James Sulliman. A Dianne Traflet, *Juris Doctor* e Doutora em Teologia, à Diane Carr, ao Bispo Arthur J. Serratelli, Doutor em Teologia, Licenciado em Escrituras Sagradas e Doutor em Religião, por seu amor às Escrituras e pela liderança dentro da diocese de Paterson, New Jersey. Agradeço também à família Demscak, às Irmãs da Caridade Cristã do Assumption College for Sisters, às Irmãs Theresina, Mary Jo, Eileen e Joan Dwyer, da Casa de Oração, que sempre refletem o amor de Cristo por meio de sua hospitalidade. A Katie Carroll, que carinhosamente editou este livro, e aos funcionários da St. Anthony Messenger Press. Meus sinceros agradecimentos às Irmãs Missionárias da Caridade (Contemplativa) em Plainfield, New Jersey: seu desejo de dar tudo a Deus, sua alegria e sua santidade fizeram de mim um homem melhor. A Irmã Mary Joseph Schultz, da Ordem das Irmãs da Caridade Cristã, Ginger Kamenitzer e Padre Geno Sylva da Saint Paul's inside the Walls, que dão a carne e o sangue, o espírito e a vida à nova evangelização. Para Mike e Cary Saint Pierre e para seus filhos: Grace, Thomas e Ella – sua amizade e fidelidade a Cristo são sempre uma inspiração. Para o Padre Jim Chern, Jeff Lienhart, Roger e Sandy Wilkin, por sua amizade. Para o Padre Dennis Berry, da Ordem dos Missionary Servants of the Most Holy Trinity (Servos Missionários da Mais Santíssima Trindade) e Doutor, que, embora distante, permanece perto de nossos corações. Para a Irmã Percylee Hart, da Ordem das Irmãs da Misericórdia, e para meus amigos na União Católica. Para o Monsenhor Patrick Brown, pastor da paróquia Saint Vincent de Paul. Para todos os que responderam ao chamado de Deus para o sacerdócio neste Ano Sacerdotal – que São João Vianney seja seu guia.

Que as pontes de todos sejam amplas e que o caminho de todos seja virtuoso e sereno.

Prefácio

As histórias de amor nunca saem de moda. Há algo nelas que nos intriga. Seja nos palcos, nas telonas, nas páginas de um romance emocionante ou na vida real, desejamos entrar na história para ver como ela terminará. Mesmo quando já vimos o filme uma vez, voltamos a vê-lo de vez em algum momento. Sem dúvida, alguns dos seus romances favoritos virão à mente se você pensar por um ou dois minutos.

Don Frio, artista profissional e amigo, mencionou que havia por volta de 14 mil canções gravadas cujo título apresentava a palavra "amor", e essa lista não para de crescer a cada ano. (Compare isso com apenas 123 canções que apresentam a palavra *trabalho* no título!) Basta pensar nas canções de amor que ouvimos no rádio e que se tornaram favoritas ao longo dos anos. Quando começamos a ouvi-las, cantamos junto (pelo menos eu canto!) e muitas vezes elas nos levam de volta a um determinado momento e lugar em nossas vidas.

A Bíblia também tem algumas histórias de amor muito boas. Embora possamos pensar na Bíblia de forma abstrata, os homens e as mulheres a quem Deus se revelou não eram, em muitos aspectos, diferentes de nós. Nossa língua, nossas roupas e nossos padrões culturais podem ser diferentes e nossos avanços culturais podem fazer personagens bíblicos parecerem demasiado primitivos para que nos identifiquemos com eles. Entretanto, é equivocado pensar que eles são, em essência, radicalmente diferentes – acredito que nada poderia estar mais longe da verdade. Essas grandes histórias de amor da Bíblia envolvem pessoas como você e eu. Essas são pessoas que queriam amar e serem amadas, pessoas com paixão, pessoas que formavam laços fortes de amizade, que eram leais, que tinham desejo sexual, que falharam e receberam o perdão e, por fim, pessoas que se esforçaram para encontrar Deus em suas vidas cotidianas. Muitas vezes, elas amaram heroicamente, outras vezes falharam miseravelmente em amar da forma que Deus planejou.

Ao longo de toda a Escritura, Deus comunica Seu amor para conosco. Ele usa imagens de paternidade, casamento, adultério e traição – algumas das mais fortes experiências humanas – a fim de revelar o amor divino.

A crença fundamental do Cristianismo é a de que Deus se fez carne e habitou entre nós. Os cristãos acreditam que tenham visto o rosto do amor na pessoa de Jesus Cristo. À luz da revelação de Deus nas Escrituras e na pessoa de Jesus Cristo, minha esperança é a de que este livro lhe permita entrar na vida desses personagens, sentir suas emoções e avaliar suas opções para que você possa experimentar o amor real que vem de Deus.

Allan F. Wright
Festa da Sagrada Família

Sumário

Parte 2 • O amor no Novo Testamento

Introdução

Antes de uma missa para a instituição de um novo pastor, uma mulher de meia-idade entrou na sacristia e perguntou ao bispo se ele poderia oferecer uma bênção para os pais dela, que estavam celebrando seu aniversário de casamento naquela noite. Após a Comunhão, o bispo convidou o casal a subir no púlpito e aqueles dois idosos começaram a caminhar vagarosamente, com cuidado, pelo corredor. Durante toda aquela caminhada, em nenhum momento eles soltaram a mão um do outro e, conforme passavam pelos bancos cheios de pessoas, entre os quais alguns familiares, mas principalmente paroquianos, era possível ver seus olhos cheios de lágrimas.

Quando o casal chegou ao pé do altar, o bispo perguntou-lhes há quantos anos eles estavam casados. A mulher respondeu: "Sessenta anos hoje". O bispo continuou, perguntando-lhes onde eles haviam se casado. A esposa respondeu com orgulho: "Bem aqui". Não havia um olho que não estivesse marejado em toda a igreja. A congregação começou a bater palmas e o bispo disse: "Vocês estão aqui, nesta paróquia, há sessenta anos?", o casal simplesmente assentiu com a cabeça, enquanto a esposa dizia: "Viemos aqui todas as semanas desde que nos casamos".

Naquele dia, ninguém conseguiu tirar os olhos do casal, mas, ironicamente, os dois mal se olhavam. O que era visível era a maneira como eles carinhosamente seguravam as mãos durante toda a bênção.

Ao observar essa visão rara e linda, a curiosidade de um estranho poderia ser estimulada: O que eles viveram? Quantas lutas, que por vezes devem ter parecido intransponíveis, eles venceram? Quantas alegrias e momentos de orgulho, quantas noites sem dormir por causa da preocupação com os filhos eles teriam passado? Quantas voltas e mais voltas, quantos altos e baixos eles encontraram? Quantas vezes pensaram "É isso aí, eu não posso mais fazer isso" – e, ainda assim, aquele casal encontrou a graça de Deus que lhes deu força para tentar retornar a esse compromisso que haviam selado?

Nós não temos todos os detalhes da história de amor íntimo desse casal comum. Ao testemunhar a cena, entretanto, era possível perceber que se estava na presença de algo sagrado. Ali estavam duas pessoas imperfeitas que continuaram tentando, por sessenta anos, viver aqueles votos radicais que mudam toda uma vida. E, durante aqueles sessenta anos, eles continuaram a ir diante do mesmo altar, na mesma igreja. Nos momentos de alegria e de tristeza, em momentos importantes como o batizado de uma criança ou apenas mais uma missa em um domingo de manhã. Podemos não conhecer todos os detalhes dessa história de amor em curso, mas era óbvio para todos aqueles que estavam na igreja como Deus foi atuante na vida daquele casal, o mesmo Deus que não apenas os uniu em casamento, mas que foi, de fato, a chave para sua fundação.

Embora alguém possa olhar para a história verdadeira e pensar como ela é bonita, suspeito que, para muitos, exista certa tristeza ao mesmo tempo. Tristeza pelo fato de o casamento em nossa sociedade ser muitas vezes atacado, pelo fato de haver pouca esperança de os votos de casamento durarem uma vida. Tristeza por vivermos em uma cultura em que as histórias de amor, vistas em filmes populares ou em programas de televisão, parecem propor que são resultado do acaso, do destino ou da sorte de alguns poucos indivíduos afortunados (geralmente, as pessoas fisicamente mais atraentes que já vimos). Para muitos, aquelas histórias fictícias são vistas como mais reais que aquelas em que o casal aniversariante de nosso exemplo testemunha.

A única maneira de sermos capazes de contrariar essas mensagens conflitantes é voltarmos ao básico e aprendermos sobre o que é uma história de amor verdadeira.

Allan Wright passou a maior parte de sua vida adulta ensinando e compartilhando as boas novas de Jesus. Temos a oportunidade de entrar na sala de aula junto com Wright, enquanto ele nos ensina o que é uma história de amor verdadeiro. Como em seus trabalhos anteriores, *Silent Witnesses in the Gospels* e *Jesus in the House*, Allan traz novos olhares sobre histórias que nos são familiares. O autor revela que as Escrituras contêm inúmeras histórias de amor verdadeiro e sincero – algumas das maiores que já conhecemos.

As histórias contadas neste livro não são apenas sobre casais que entraram em relações que mudariam suas vidas, mas são também sobre homens e mulheres que sacrificaram suas vidas um pelo outro, demonstrando de que maneira os relacionamentos humanos são um simples reflexo do amor extraordinário, radical e zeloso que Deus tem por nós, suas criaturas preciosas.

Padre Jim Chern
Capelão da Montclair State University
Festa de São José

Parte 1

O amor no Antigo Testamento

Ao lermos a Bíblia, deparamo-nos com costumes e práticas que são, muitas vezes, diferentes dos nossos. Compreender esses costumes pode oferecer uma percepção mais aguçada da mensagem que Deus comunica ao seu povo de forma que possam compreender.

O Antigo Testamento pode ser confuso porque não temos tantos conhecimentos culturais sobre o tempo dos patriarcas judeus como temos sobre o Novo Testamento. As práticas da poligamia e da bigamia são exemplos de momentos em que Deus parecia permanecer em silêncio diante do pecado.

É importante lembrar que, até que os filhos de Israel fossem libertados da escravidão no Egito e chegassem ao Monte Sinai, os Dez Mandamentos ainda não haviam sido declarados. Assim, por exemplo, quando Abraão teve um filho com uma escrava de Sara, Agar – a primeira mãe de aluguel registrada –, ele estava apenas seguindo as normas culturais daquela época.

Outro fator que deve ser levado em consideração é o fato de que, nessas sociedades patriarcais, a vida das mulheres era bastante difícil. Muitas mulheres são mencionadas na Bíblia apenas com relação a seus pais, irmãos ou maridos. A esmagadora maioria dessas mulheres anônimas não era educada e tinha poucas habilidades com as quais se sustentar. Um homem que tinha várias esposas poderia sustentar e proteger todas elas. Viver em um lar polígamo talvez fosse uma alternativa melhor do que a prostituição ou a escravidão.

A Bíblia diz que a intenção original de Deus era que o casamento existisse entre um homem e uma mulher, "Portanto deixará o homem o seu pai e a sua mãe, e apegar-se-á à sua mulher, e serão ambos uma carne" (Gênesis 2:24). Os ensinamentos de comunidades judaicas ortodoxas e conservadoras, bem como os ensinamentos da Igreja Católica, são claros sobre esse tópico (Catecismo da Igreja Católica, 1601-1654).

Como fica evidente ao analisar as grandes histórias de amor da Bíblia e outros textos do Antigo Testamento, ter um sólido entendimento da época, do contexto e da cultura torna essas histórias mais compreensíveis.

Uma das ferramentas mais importantes para uma comunicação eficaz é tentar entender o que o escritor ou orador está dizendo. As palavras, escritas e orais, sempre estão carregadas de sentido. Muitos dos termos aos quais atribuímos um determinado significado são derivados de nossa compreensão das normas culturais. Os significados e as nuances são, muitas vezes, mais adquiridos do que ensinados.

A Bíblia hebraica – o Antigo Testamento – foi, obviamente, escrita na língua hebraica. Os estudiosos da Escritura, tanto judeus quanto cristãos, responsabilizam-se pela tarefa de *exegese*, ou seja, extrair o significado do texto pretendido pelo autor. Esse processo pode trazer diferentes interpretações, por distintas comunidades de culto, quando essas comunidades se esforçam para compreender o que Deus está comunicando por meio desses autores humanos.

Dei Verbum, o II Concílio do Vaticano, fala muito bem sobre nossa crença de que Deus é o autor supremo das Escrituras, e salienta a importância de interpretar a mensagem de Deus:

> *No entanto, uma vez que Deus fala na Sagrada Escritura por meio de homens e à maneira humana, o intérprete da Sagrada Escritura, a fim de ver claramente o que Deus quis nos comunicar, deve estudar cuidadosamente quais significados os escritores sagrados realmente tinham a intenção de passar, e o que Deus quis manifestar por meio de suas palavras.*[*]

É com essa compreensão da importância das palavras e de seus significados que nos deparamos com uma das palavras em hebraico para o amor: *Ahava*. A palavra em hebraico significa "doar". Assim, por *Ahava* entendemos "eu doo". *Ahava* é traduzida como um tipo de amor que descreve tanto o amor de Deus quanto o amor humano interpessoal.

A palavra *hesed* ou *chesed* é usada por volta de 248 vezes na Bíblia. É mais frequentemente traduzida como *misericórdia* (149 vezes), *bondade* (40 vezes) e *benevolência* (30 vezes). Essa palavra invoca a ideia de uma exposição positiva de afeto e carinho. *Hesed* é usada muitas vezes para descrever a misericórdia de Deus. Nos Salmos, encontramos *hesed* mais frequen-

---

[*]Papa João Paulo II, citado em www.catholicnewsagency.com.

temente do que em qualquer outro livro do Antigo Testamento – aproximadamente 125 vezes. Os caminhos do Senhor são descritos como a *misericórdia* (Salmos 25:10), sua *benevolência* é excelente (Salmos 36:10), a *misericórdia* e a verdade se encontraram no Senhor (Salmos 86:5). Essas palavras mostram que o nosso Deus é um Ser cheio de compaixão e abundante em misericórdia. (Salmos 86:15).

Várias versões em inglês da Bíblia traduzem a palavra *hesed* como "amor inabalável", "bondade", "misericórdia" e "lealdade". Muitas vezes vemos essa palavra aplicada à misericórdia do Senhor, conforme articulado na aliança de Deus, que é, em última instância, uma expressão da misericórdia e do amor.

Deus é retratado no Antigo Testamento como cheio de *hesed*. O amor não muda, a bondade e a misericórdia de Deus para Israel são mostradas ao longo da história da salvação. Os profetas disseram que Deus é digno de louvor em virtude de sua misericórdia. O caráter de Deus, revelado nas Escrituras, gira em torno de sua misericórdia, de sua bondade – de seu *hesed*.

Nós também aprendemos outra palavra hebraica, *rahamim*, que é a voz feminina do amor. *Hesed* acentua as características de fidelidade a si e de "responsabilidade de seu amor próprio", ao passo que *rahamim*, na sua própria raiz, denota o amor de uma mãe (*rehem* é a palavra hebraica para "útero"). Do vínculo original e da unidade que liga a mãe ao filho, nasce uma relação única, um amor particular, que é totalmente gratuito, não "adquirido". Então, *rahamim* gera toda uma gama de sentimentos, inclusive a bondade e a ternura, a paciência e a compreensão, ou seja, a prontidão para perdoar.

Ahava, *hesed*, e *rahamim* demonstram, ainda, que essas palavras de amor falam às nossas próprias experiências humanas. Um verdadeiro amor é aquele que procura o melhor interesse do outro e vai além das exigências da justiça. Este tipo de amor é poderoso, tem o poder de mudar a vida e exige uma resposta.

Capítulo 1

Adão e Eva

O primeiro amor

A história de Adão e Eva é objeto de mais obras de arte, piadas e *cartoons* do que talvez qualquer outra narrativa bíblica. Todo mundo conhece o enredo: o homem e a mulher, a árvore, o fruto proibido, a serpente e as folhas de figueira. Esses elementos fazem de Adão e Eva um dos casais mais conhecidos da história. Nessas páginas do Gênesis, vemos a mão de Deus revelar Seu amor por Adão e Eva, e a determinação de Deus para todos os casais ao longo dos tempos.

"E viu Deus que era bom." Essa simples frase, repetida sete vezes no primeiro capítulo do Gênesis, fornece a afirmação de nosso Senhor de que a criação é, de fato, positiva. No mesmo fôlego, Deus revela o que não é bom: "Então o Senhor Deus declarou: 'Não é bom que o homem esteja só; farei para ele alguém que o auxilie e que lhe corresponda'" (Gênesis 2:18).

Quando uma pessoa recebe "alguém que o auxilie", isso implica que há algo faltando, algo deficiente. Esse "alguém que auxilia" não é subserviente àquele que está auxiliando, mas, pelo contrário, oferece o que falta no outro. Juntos, os dois fazem o par perfeito porque cada um se doa ao outro. Assim, uma nova união se forma.

Por meio da história de Adão e Eva, descobrimos que Deus literalmente dividiu o homem pela metade para formar uma companheira para ele. Não falta nada a Eva, ela é exatamente como Adão, exceto pelo fato de terem ocorrido algumas diferenças na criação, uma vez que Deus os criou à Sua imagem e semelhança (Gênesis 1:27). Desse modo, Eva era a outra metade de Adão; os corpos deles foram desenhados para complementarem um ao outro – e não apenas na relação física em que os dois se tornariam um. Eva compensava o que faltava em Adão e o completava de todas as maneiras.

Ao desposar Eva, Adão encontraria a completude, a unidade e a totalidade. Que alegria deve ter sido para ele quando Deus expôs todos aqueles animais em sua frente! Adão finalmente soube que tinha encontrado seu "outro eu". Eva foi a resposta à solidão profunda; em Eva, Adão encontrou o sentido de sua vida e vice-versa. "Por essa razão, o homem deixará pai e mãe, e se unirá à sua mulher, e eles se tornarão uma só carne" (Gênesis 2:24). Adão e Eva dependem um do outro para serem completos.

A história de Adão e Eva é uma história de amor, nascida no coração de Deus e refletida na carne, nos ossos, na alma e no sopro desses dois seres humanos – os primeiros amantes do mundo. Obviamente, todos sabemos que essa história de amor logo se transformaria em uma tragédia. Antes de analisarmos o que deu errado, voltemos ao início e vejamos o que deu certo.

Ah, finalmente Adão poderia se dar por completo: uma companheira perfeitamente compatível fora criada. Uma companheira exatamente como ele – com algumas poucas diferenças –, mas, ah, como essas diferenças eram estimulantes para ele! Adão poderia se doar completamente para a mulher, em e pelo seu corpo. Livremente, ele a poderia escolher; livremente, ela poderia se doar para ele. De maneira fiel, Adão poderia amar apenas Eva e aquele amor teria como fruto uma criança. Esse amor erótico deseja não apenas a união conjugal, mas o ser como um todo. Deus deseja esse tipo de amor para nós. Esse é o amor que resulta em uma comunhão total.

Da mesma maneira que Deus deu o sopro de vida para Adão, a união de um homem com uma mulher também cria uma nova vida. Deus designou o cenário, ofereceu um ao outro e os colocou no Jardim do Éden. O amor conjugal de doação deles seguia o modelo do amor de Deus por nós. O que poderia dar errado?

Tudo!

Lemos que Deus caminhava pelo jardim, ao cair do dia, para perguntar a Adão a questão fundamental. É natural presumir que Deus caminhava todas as tardes, ao cair do dia, antes do pôr do sol. Vislumbro Deus alegremente ouvindo as aventuras e as novas descobertas de Adão e Eva com um sorriso em seu rosto enquanto o casal caminhava junto, aproveitando a companhia um do outro.

As coisas logo mudariam. No jardim em que Deus colocara Adão e Eva, Satanás plantou a semente da dúvida. “Deus realmente disse que você não deveria comer de qualquer árvore do jardim?”. E então ele mentiu, contrariando Deus: “Você certamente não morrerá!”. O resultado foi não apenas o simples rompimento de uma ordem, mas, também, o rompimento de relações. Três relações foram destruídas: a de Adão e Eva com Deus, a de Adão com Eva e a interior que tinham consigo próprios.

A primeira consequência que vemos no jardim é a relação rompida entre Adão e Eva e Deus. Quando examinamos a história, temos:

- pecado
- orgulho
- Lúcifer

Qual é o traço comum presente nessas três palavras? Todas elas estão centradas no "eu". Portanto, percebemos que a cruz do pecado é exatamente colocar "eu" no centro de nossas vidas, antes dos outros e de Deus.

O orgulho nos diz que sabemos mais que Deus e que somos melhores que os outros. Quando acreditamos nessa mentira, o caos se instala. "Não quero fazer o que Deus disse, vou fazer do meu jeito". São Paulo nos lembra que o problema do pecado é universal. "Todos pecaram e estão destituídos da glória de Deus" (Romanos 3:23). O apóstolo prosseguirá para dizer que o que recebemos dessa escolha, nosso salário do pecado, é a morte (Romanos 6:23).

O pecado teve um impacto maior na relação que Adão e Eva tinham um com o outro. O que havia começado com êxtase e satisfação total terminou com cada um deles apontando o dedo para o outro em acusação. Certamente nos perguntamos qual é o papel de Adão no encontro com a serpente, porque aprendemos que "quando a mulher viu que a árvore parecia agradável ao paladar, era atraente aos olhos e, além disso, desejável para dela se obter discernimento, tomou do seu fruto, comeu-o e o deu a seu marido, que comeu também" (Gênesis 3:6). O que Adão pensou quando tudo isso estava acontecendo? Ele estava ao lado de Eva e, ainda assim, não fez nada para protegê-la. Nenhuma palavra de advertência, nenhuma ação para impedi-la de desobedecer a Deus? Nenhum enfrentamento direto da serpente que estava ali, bem diante dele? Nenhum pedido pela ajuda de Deus? Que tipo de covarde era ele a ponto de permitir que sua esposa fosse enganada? O fracasso de Adão em proteger Eva foi um fracasso em amar.

Após a fatal mordida no fruto proibido, Deus fez aquela linda, embora provocadora, pergunta: "Onde está você?". Não se trata de uma questão direcional, como "Você está atrás da árvore ou ao lado daquela rocha?". Trata-se, na verdade, de uma questão relacional. Onde está você em relação a mim? Adão e Eva escolheram se esconder de Deus, ao passo que Deus os estava procurando. Deus nunca lhes virou as costas.

Finalmente, lemos que Adão e Eva se cobriram com folhas de figueiras. Por que cobrir-se? Eles foram criados à imagem e semelhança de Deus, e tudo o que Deus faz é belo. Essa vergonha se traduziu na percepção de que eles estavam nus. As folhas de figueira com as quais eles se cobriram serviram como um símbolo externo de um problema interno: o medo e o quebrantamento deles perante Deus e perante um ao outro.

Acredito que não tenha mudado muita coisa desde os tempos de Adão e Eva. Quando o pecado, como o expresso no egoísmo, na arrogância e no orgulho, entra em cena, continuamos a nos esconder de Deus, a agir covardemente, a culpar um ao outro e até mesmo a culpar Deus pelas falhas que existem no mundo. Hoje em dia, simplesmente nos cobrimos com adornos mais engenhosos e sofisticados que folhas de figueira! Por conta do pecado, não queremos que as pessoas vejam quem realmente somos – humanos imperfeitos. Tentamos escapar da realidade de nossos pecados definindo e cobrindo nossos corpos com objetos e com feitos. Podemos ser inteligentes em esconder nosso verdadeiro *eu* um do outro, mas a causa original da vergonha permanece a mesma.

As consequências do pecado nos levam a usar um ao outro em vez de amar um ao outro. O pecado arruinou e continua a devastar as belas relações de amor que Deus planejou para que desfrutássemos desde o início. A história de Adão e Eva terminou com a expulsão do jardim, e os primeiros pecadores do mundo deram à luz ao primeiro assassino do mundo. No entanto, há esperança. A má notícia é que não há nada que possamos fazer sobre o problema do pecado. A boa notícia é que Deus pode e fez algo para nos livrar do pecado e de suas consequências. Como cristãos, acreditamos que a punição pelo pecado de Adão e Eva foi pregada na cruz. Jesus pagou o preço pelos nossos pecados. "Mas Deus demonstra seu amor por nós: Cristo morreu em nosso favor quando ainda éramos pecadores" (Romanos 5:8).

O que Deus fez por meio de Jesus nos oferece a oportunidade de voltar ao começo, de voltar à maneira como as coisas deviam ser. Nossas vidas, nossos relacionamentos, nosso mundo foi redimido pela morte e pela ressurreição de Jesus.

Adão e Eva nunca mais voltaram para o jardim, mas, em certo sentido, nós podemos voltar. Com a ajuda do Espírito Santo, podemos voltar para o caminho que Deus planejou. Adão e Eva perderam tudo o que Deus lhes havia reservados. Ainda temos uma escolha a fazer. Será que amamos e nos entregarmos total, livre, fiel e fecundamente aos outros e a Deus?

É tão verdadeiro hoje como o era no jardim: não é bom para o homem ficar sozinho. Fomos criados para fazermos parte de uma comunidade de pessoas. Homem e mulher, criados à imagem de Deus, estão completos quando se doam uns aos outros da mesma maneira que Deus se doa para nós.

Oração

Pai Celestial, que nos criou para a união contigo e para a união de uns com os outros, cura nossa fraqueza, seja qual for a forma que ela tiver. Guarda-nos do engano de Satanás e da sedução do mal que traz a morte. Salva-nos do nosso egoísmo. Deixa que nosso amor pelo outro reflita o amor que o Senhor tem por cada um de nós. Que o nosso amor seja fecundo e fiel conforme nos esforçamos para amar completamente como o Senhor ama. Maria, Mãe de Deus, seja nossa protetora contra as mentiras do Maligno e leve nossas necessidades para o seu Filho, que é o único que pode fazer novas todas as coisas. Amém.

Citação

Deus não é solidão, mas comunhão perfeita. Por isso a pessoa humana, imagem de Deus, realiza-se no amor, que é dom sincero de si.

*Papa Bento XVI**

Questões para reflexão

1. Descreva alguns dos relacionamentos saudáveis pelos quais você já tenha passado. O que os fez funcionar?

2. Alguma vez você já sentiu que estava sozinho ou isolado dos outros? Foi um momento difícil? O que de bom, se houver, veio disso?

3. Você já se deparou com a emoção de Adão ao estar em um relacionamento com outra pessoa que

---

*Papa Bento XVI, *Angelus*, Solenidade da Santíssima Trindade, Domingo, 22 de maio de 2005. Disponível em www.vatican.va.

o/a entendia e completava? Quais palavras descrevem essa relação?

4. Quando o pecado entra na relação, as coisas rapidamente saem dos eixos. Você já experimentou a angústia de um relacionamento rompido?

5. Com o pecado, veio a morte. Com o perdão, vem a esperança. Você já experimentou uma reconciliação que restaurou um relacionamento rompido? Como isso aconteceu?

Conexão do amor

Aproxime-se de alguém que lhe tem feito o bem e diga a essa pessoa o que você sente por ela.

Capítulo 2

Abraão e Sara

Confie em quem você ama

Em raras ocasiões (praticamente nunca) as coisas na vida saem como planejamos. O casamento, por exemplo, com as suas voltas e reviravoltas, pode nos levar por um caminho inesperado. A nova casa, a promoção no emprego e até mesmo os filhos podem ser adiados por consequência de mudanças nas circunstâncias. Tudo se resume ao tempo de Deus, mas a espera pode ser feroz sobre um casal. As expectativas mudam conforme a vida segue seu curso. Abraão e Sara são exemplos perfeitos da necessidade de confiar em Deus ao longo do caminho tortuoso da vida.

Somos, pela primeira vez, apresentados a esse casal no início do livro do Gênesis. Conhecemos um homem chamado Abrão, filho de Terá, e sua esposa, Sarai. Abrão e Sarai, mais tarde, têm seus nomes mudados por Deus para Abraão e Sara, respectivamente. Sobre Sara, sabemos pouco, apenas que ela não tinha filhos. No entanto, Abraão e Sara formam um dos mais formidáveis casais presentes na Bíblia. Juntos, eles são mencionados mais de 300 vezes no Antigo e no Novo Testamento. Nossa herança espiritual pode ser atribuída à aliança que Deus fez com Abraão e às promessas cumpridas em Sara. A partir dessas humildes apresentações, vemos esse casal usado por Deus de maneira poderosa.

Provavelmente, Abraão e Sara tinham expectativas razoáveis de uma vida simples e cheia de filhos para os quais ofereceriam amor. No entanto, isso não era o que Deus havia planejado para esse casal. Como o livro do Gênesis nos diz, Deus queria mais de Abraão e Sara – a confiança e a fé plenas. "Então o Senhor disse a Abrão: 'Saia da sua terra, do meio dos seus parentes e da casa de seu pai, e vá para a terra que eu lhe mostrarei. Farei de você um grande povo, e o abençoarei. Tornarei famoso o seu nome, e você será uma bênção'" (Gênesis 12:1- 2).

A vontade do casal de seguir o Senhor revela tanto sua profunda fé em Deus, quanto sua fé um no outro. É difícil imaginar como a maioria de nós reagiria se nosso cônjuge anunciasse que devemos abandonar tudo o que temos e ir para uma terra desconhecida. Mas Sara confiava em Abraão e fez como Deus havia ordenado. Podemos supor que essa não tenha sido uma ação isolada de Abraão e Sara, mas o hábito de uma vida centrada em Deus.

Deus disse para Abraão deixar sua terra, sua família e a casa de seu pai, mas não sua esposa. Houve uma parceria implícita no chamado de Deus. No Novo Testamento, Sara é conhecida por duas coisas: por sua fé em Deus (Hebreus 11:11) e por sua submissão ao marido (I Pedro 3:5-6). Esta "submissão" não é uma condição de fraqueza, mas de força. Sara confiava que Deus, que a levou com Abraão, estava trabalhando com o marido para fazer o bem. O amor abnegado de Sara e seu desejo de colocar a vontade de Deus antes da sua própria desempenham um papel fundamental na história da salvação.

A missão de Sara na vida era trabalhar com o marido para cumprir os propósitos de Deus. Essa missão não nasceu de fraqueza, mas de coragem e de prudência. Quando lemos pela primeira vez sobre

Abraão e Sara, sentimo-nos atraídos pela fé que eles tinham em Deus e também pelo amor mútuo que sentiam. A viagem que eles começaram juntos no casamento, completariam juntos.

Sara confiava em Abraão implicitamente, mesmo quando ele a aconselhou a mentir sobre sua relação.

> *Quando estava chegando ao Egito, disse a Sarai, sua mulher: "Bem sei que você é bonita. Quando os egípcios a virem, dirão: 'Esta é a mulher dele'. E me matarão, mas deixarão você viva. Diga que é minha irmã, para que me tratem bem por amor a você e minha vida seja poupada por sua causa". (Gênesis 12: 11-13)*

Sara não tem a obrigação de obedecer a um pedido que vai claramente contra a vontade de Deus, mas sua obediência revela sua confiança tanto em Abraão, quanto em Deus. Ela sabia que, para Abraão se tornar o pai de uma grande nação, ele teria de ficar vivo.

Embora fosse um homem de muita fé, Abraão era humano, e isso o aproxima de nós. Sua natureza humana foi revelada quando aconselhou Sara a mentir. Ele comprometeu a esposa para se proteger. Abraão cometeu uma falta grave com Sara, nesse episódio de sua vida, mas ela não o abandonou, e nem a Deus.

Uma das promessas de Deus a Abraão foi a de que ele seria pai de muitos descendentes. Como isso poderia acontecer, uma vez que Abraão não tinha filhos? Sara elaborou um plano que se baseia, seria possível supor, no amor, mas foi uma solução humana errada para um problema divino. Ela ofereceu sua escrava Hagar para ter um filho de Abraão. Embora a intenção de Sara fosse nobre, sua falta de fé em Deus era evidente. É claro que Abraão poderia ter rejeitado a oferta de Sara, mas ele não rejeitou. Hagar teve um filho, Ismael, e problemas começaram a surgir. Independentemente das falhas de Abraão, Deus permaneceu fiel à sua aliança.

> *Disse também Deus a Abraão: "De agora em diante sua mulher já não se chamará Sarai; seu nome será Sara. Eu a abençoarei e também por meio dela darei a você um filho. Sim, eu a abençoarei e dela procederão nações e reis de povos". Abraão prostrou-se, rosto em terra; riu-se e disse a si mesmo: "Poderá um homem de cem anos de idade gerar filhos? Poderá Sara dar à luz aos noventa anos?" E Abraão disse a Deus: "Permite que Ismael seja o meu herdeiro!". Então Deus respondeu: "Na verdade Sara, sua mulher, lhe dará um filho, e você lhe chamará Isaac. Com ele estabelecerei a minha aliança, que será aliança eterna para os seus futuros descendentes (...)" (Gênesis 17:15-19)*

Em seguida, foi a vez de Sara ouvir a mensagem de Deus no cumprimento de Suas promessas. "Existe alguma coisa impossível para o Senhor? Na primavera voltarei a você, e Sara terá um filho" (Gênesis 18:14). Embora Sara já tivesse passado da idade fértil normal, ela confiou em Deus e logo concebeu uma criança.

Deus continuou a desafiar o casal, embora tenha dito para Abraão humildemente confiar em sua esposa. “Mas Deus lhe disse: ‘Não se perturbe por causa do menino e da escrava. Atenda a tudo o que Sara lhe pedir, porque será por meio de Isaac que a sua descendência há de ser considerada” (Gênesis 21:12). Deus usou Sara para corrigir seu marido, para lhe oferecer ideias e conselhos. Assim como era difícil para Abraão, para os homens de hoje também muitas vezes é difícil confiar em suas esposas no que diz respeito à fé e ao discernimento. Quantas vezes deixamos de ver os nossos cônjuges como instrumentos da sabedoria de Deus?

A confiança de Abraão rendeu frutos quando Deus cumpriu sua promessa e Sara deu à luz um filho. Entretanto, o maior teste do casal ainda estava por vir. Em uma das cenas mais inusitadas na Bíblia, Deus pede a Abraão para sacrificar seu filho, Isaac. Após a promessa, depois de anos de espera, Deus ordenou que Abraão matasse seu filho. “Então disse Deus: ‘Tome seu filho, seu único filho, Isaac, a quem você ama, e vá para a região de Moriá. Sacrifique-o ali como holocausto num dos montes que lhe indicarei’” (Gênesis 22:2).

Embora o nome de Sara não seja mencionado no texto, é razoável supor que ela sabia o que estava acontecendo. A madeira, a faca e o olhar de pura agonia no rosto do marido quando ele saiu com Isaac deve ter enchido de medo o coração de Sara. Posso imaginar o olhar dela através da abertura da tenda enquanto o esposo e o filho desapareciam subindo o Monte Moriá. Abraão teria revelado o pedido de Deus? A notícia era dura demais para Abraão compartilhar? Embora as Escrituras nos deem pouca informação sobre Sara, mais uma vez é revelada a sua confiança no marido e no seu Senhor.

Conforme a história se desenrolou, Deus impediu Abraão de sacrificar seu único filho. Em seguida, ficamos sabendo da morte de Sara e de seu enterro em um local de honra. Raramente as coisas na vida saem como planejamos. No entanto, Abraão e Sara, juntos como um casal, mostraram amor a Deus e um ao outro por meio da submissão mútua. Apesar das falhas deles, Deus permaneceu fiel. No final, o amor prevaleceu, e uma nação nasceu.

Oração

Senhor Deus, esteja perto de mim e de meus entes queridos quando a vida não sai conforme o planejado. Ecoe em nossos corações no momento em que a vida for mais imprevisível, pois o Senhor nunca é infiel e nunca nos deixará. Dá-nos a graça de ver Deus agindo por meio de nosso cônjuge e de nossos entes queridos, pois precisamos uns dos outros para ter força e apoio ao longo do caminho. Perdoa-nos quando nos esquecemos do Senhor e agimos com nossas próprias mãos por consequência do medo e da falta de fé. Leva-nos de volta para o Senhor e nos ajuda a permanecer fiel em todas as coisas, grandes e pequenas. Amém.

Citação

Não podemos ter o pleno conhecimento de uma só vez. Devemos começar pela fé, então, depois, podemos ser levados a dominar a prova por nós mesmos.

*São Tomas de Aquino**

Questões para reflexão

1. Pense em um momento que sentiu Deus lhe chamando para fazer o inesperado. Qual foi o resultado? Você cresceu com essa experiência?

2. Você pode pensar em um momento em que Deus falou com você através do outro, seja ele um cônjuge ou outro ser humano? O que o convenceu de que era Deus falando através daquela pessoa?

3. Abraão e Sara sentiram que Deus os estava chamando para uma "terra estrangeira". Existem "terras estrangeiras" em sua vida para as quais Deus possa o estar chamando, como entrar para um novo ministério ou estender a mão a um amigo e convidá-lo para um evento cristão?

---

*São Tomas Aquino. Disponível em www.brainyquote.com.

4. Como você pode incluir sua esposa e sua família no discernimento da vontade de Deus para o casamento, a família e a vocação na vida?

Conexão do amor

Esteja atento ao Espírito Santo entrando na vida de seu(sua) esposo(a) e família e o aceite em seu discurso e em suas ações.

Capítulo 3

Rebeca e Isaac
Um casamento ordenado por Deus

A última vez que encontramos Isaac nas Escrituras, seu pai, Abraão, tinha-o feito levar madeira até o Monte Moriá antes de colocá-lo em um altar para que fosse sacrificado. Porém, Deus interveio! Vejamos Deus intervindo na vida de Isaac novamente, pois, da mesma maneira que tinha um plano para Abraão e Sara, Ele também tinha um plano para Isaac e Rebeca, cujo casamento foi ordenado por Deus.

O Capítulo 24 do livro do Gênesis descreve Abraão como um homem velho, já viúvo, pensando sobre o futuro de seu filho. Juntamente com seu mais antigo servo, Abraão planeja encontrar uma esposa para o filho em sua terra natal, um local diferente daquele em que ele estava vivendo atualmente. Seu mais antigo servo faz um juramento e está a caminho, seguindo o comando de Abraão. Vemos algo do caráter do servo quando ele se aproxima de um poço e ora pedindo por orientação, pedindo para Deus guiá-lo pelas circunstâncias favoráveis e revelar Sua vontade de forma clara. Ele orou: "Seja, pois, que a donzela, a quem eu disser: Abaixa agora o seu cântaro para que eu beba; e ela disser: Bebe, e também darei de beber aos teus camelos; esta seja a quem designaste ao teu servo Isaac, e que eu conheça nisso que usaste de benevolência com meu Senhor" (Gênesis 24:14).

O servo não engendrou as regras conforme prosseguia, mas as deixou claras antes de seguir sua viagem em busca da mulher por quem estava procurando. O homem pediu por um sinal que fosse extraordinário, mas não impossível. A ação da mulher revelaria algo sobre seu caráter e a profundidade de sua beleza interior. Poderíamos ser tentados a orar para alcançarmos "a mais bela mulher do vale", mas o servo fez exatamente o oposto. Ele procurou uma mulher que pudesse expressar seu amor por meio de sua bondade, ajuda e generosidade para com estranhos.

Como o servo fez muitas viagens até a fonte, ele orou pela companheira de Isaac. Antes que tivesse terminado de orar "... tenha mostrado um amor firme ao meu mestre...", lá estava ela: Rebeca! Deus conhece os desejos do nosso coração e se regozija em atender as nossas necessidades quando elas estão de acordo com a Sua vontade, mesmo antes de as palavras escaparem aos nossos lábios. Embora o servo não soubesse que sua prece fora atendida imediatamente, o tempo diria quem arranjou este encontro.

Rebeca é a única mulher no Antigo Testamento cujo nascimento está registrado nas Escrituras. Esse fato serve para que nos atentemos à sua importância na história da salvação. Ela é homenageada por sua fé e confiança em Deus, que fala diretamente com ela.

Rebeca é linda, e o servo corre para se apresentar a ela. Quantas vezes oramos e depois ficamos esperando até que o telefone toque ou até que alguém apareça para que possamos conversar? Neste caso, o servo não teve medo de ir ao encontro dela. Ele orou e não se prolonga pois a oração não é um substituto para a ação. Rebeca rapidamente dá ao servo um copo de água e, então, dá de beber aos camelos. Sua hospitalidade ao estranho abre a porta para aprofundar o diálogo e a ajuda. Rebeca tinha um coração servil.

Então, o servo de Abraão colocou adornos tradicionais sobre Rebeca – um anel e pulseiras – e perguntou de quem ela era filha. A mulher contou-lhe de seu pai, e a primeira coisa que o servo fez foi dobrar os joelhos e adorar a Deus. "Bendito seja o Senhor Deus de meu senhor Abraão, que não retirou a sua benevolência e a sua verdade de meu senhor; quanto a mim, o Senhor me guiou no caminho à casa dos irmãos de meu senhor" (Gênesis 24:27). Sua observação de que "o Senhor me levou" também pode ser traduzida como "o Senhor guiou meus passos". Foi o servo quem caminhou e executou a ação, mas foi Deus quem o estava guiando pelo caminho.

Depois de desfrutar da hospitalidade da família de Rebeca, o servo a convidou para acompanhá-lo e encontrar Isaac. Os irmãos e a mãe quiseram que ela esperasse um pouco, talvez mais que dez dias. Talvez essa seja uma reação natural da maioria das pessoas, quando se deparam com uma situação nova e assustadora. Estamos convencidos de que é a vontade de Deus, mas esperamos um pouco mais. A família deixou a decisão para Rebeca e ela respondeu com firmeza e confiança. "E disseram: Chamemos a donzela, e perguntemo-lhe. E chamaram a Rebeca, e disseram-lhe: Irás tu com este homem? Ela respondeu: Irei" (Gênesis 24:57-58).

Que extraordinário passo de fé foi o de Rebeca! Ela deixaria sua casa e sua família e viajaria centenas de quilômetros em um camelo com uma pessoa desconhecida para se casar com um homem que nunca havia visto. Foi sua fé na providência de Deus que lhe permitiu dizer: "Irei".

Conforme a caravana se aproxima, encontramos Isaac andando no deserto. Que pensamentos corriam por sua cabeça quando ele viu a poeira subindo no horizonte? Quais expectativas ele tinha? Estaria ele orando em sua caminhada? Será que o tempo entre a partida e a chegada do servo o fez questionar a Deus? Será que ele refletiu sobre a fé de seu pai, que também esperou um longo tempo para que a promessa de Deus fosse cumprida?

Depois de ouvir do servo a história de como ele havia encontrado Rebeca, Isaac a levou para sua tenda e fez dela sua esposa. O último comentário que temos sobre esta passagem é que "... ele a amava".

Quando refletimos sobre como Isaac se entregou a Rebeca, lembramo-nos de como Deus é a fonte de todo amor, posto que Ele concedeu a Isaac uma esposa como dádiva. Trata-se de uma história sobre o cuidado providencial de Deus para aqueles que buscam, em todas as coisas, a vontade divina para suas vidas.

Quantas vezes relatamos a Deus apenas aquelas coisas que sentimos que Ele poderia ter uma palavra a dizer, e, todavia, nós O excluímos das coisas cotidianas da vida? Quantas vezes tomamos decisões e, em seguida, pedimos pela bênção de Deus, quando o que realmente precisamos é da orientação de Deus?

O que não é mencionado na história é o desígnio de Isaac. A última vez que ouvimos a seu respeito, ele estava em uma pilha de madeiras prestes a ser sacrificado quando Deus disse para Abraão parar. Seu pai era obediente a Deus e não hesitou, entregando-se completamente. Ter sido criado por um homem de tamanha fé, sem dúvida, teve uma profunda influência sobre Isaac.

Será que Isaac sempre andava de um lado para o outro durante a noite, em silêncio, à espera do momento certo da ação de Deus? Não andamos, assim como ele, nas trevas, em busca da vontade de Deus e da Sua provisão em nossas vidas? Somos sempre tentados a tomar o assunto em nossas próprias mãos, para além da vontade de Deus, e assim deixarmos de receber tudo o que Deus planejou para nós. Esta história começa em uma tenda com duas pessoas doando-se totalmente um ao outro no amor e depois se doando completamente a Deus, que ordenou o seu casamento.

Oração

Deus de surpresas, surpreenda-nos com Vossa presença, com Vosso amor e com Vossa provisão para todas as necessidades de nossas vidas. Nós vos pedimos, responsável por todas as coisas boas, a força para seguir em frente com nossas vidas, especialmente nos momentos de provação e ansiedade. Que nossas orações reflitam todos os desejos dos nossos corações e que nunca evitemos nada vindo do Senhor. Curai as nossas feridas e inseguranças, e nos dai a determinação e a confiança de Rebeca, que agiu de forma decisiva quando acreditou que a vontade de Deus estava sendo feita. Amém.

Citação

Não tenha medo de se mover em direção ao desconhecido. Simplesmente dê os passos sem medo, sabendo que Deus está com você, portanto, nenhum dano pode lhe afligir – tudo ficará muito, muito bem. Fazei isto com fé e confiança plenas.

Papa João Paulo II[*]

Perguntas para reflexão

1. Muitas vezes, Deus age por meio de outros para realizar Sua vontade. Você consegue pensar em uma pessoa por meio de quem Deus trabalhou para melhorar a sua vida? Você reconheceu a "mão" de Deus nessa pessoa?

2. Antes de o servo terminar a oração, ele viu Rebeca. Você se considera mais otimista ou mais pessimista no que diz respeito à resposta de Deus às suas

---

[*]Papa João Paulo II, citado em *Pope John Paul II*: A Collection of Newspaper Front Pages Selected by The Poynter Institute. Kansas City: Andrews McMeel, 2005. p. 51.

orações? De que maneira essa história altera ou reforça a sua perspectiva?

3. O servo orou e agiu. Você faz o mesmo, ou está faltando oração ou ação em sua vida?

4. A oração precede a ação. Alguma vez você já inverteu a ordem e agiu, esperando, em seguida, que Deus estivesse ao seu lado? De que maneira ter uma rotina consistente de oração pode ajudar a colocar suas prioridades em ordem? Você reserva tempo para orar? O que o está impedindo de fazer isso?

Conexão do amor

Reserve algum tempo para prestar atenção naqueles que o estão ajudando hoje, seja em casa, no trabalho, na escola ou em sua família. Deixe claro para eles que você aprecia essa ajuda.

Capítulo 4

Jacó e Raquel

O beijo

"Então, Jacó beijou Raquel e chorou em voz alta".

Chamas acenderam-se quando Jacó e Raquel se conheceram! Um olhar para a beleza dela fez que ele perdesse o chão, e então... o beijo. Tão poderoso foi esse beijo que a Bíblia diz que Jacó "chorou... em voz alta". Não é comum aos homens dessa cultura demostrarem publicamente suas emoções. Por esse motivo, sabemos que deve ter sido um beijo muito especial! Este é o primeiro relato bíblico de um beijo romântico. A história de Raquel e Jacó não termina aí, mas vale a pena considerar o que acontecera imediatamente antes.

Jacó partiu em uma viagem para a terra que seu pai, Isaac, havia o mandado em busca de uma esposa. Ele encontrou Deus em um sonho poderoso, e Deus prometeu estar com ele, protegê-lo e nunca deixá-lo até que ele tivesse cumprido suas promessas. Jacó nomeia o lugar de "Bethel" e o marca com uma pedra memorial.

Quando chega a Harã, Jacó se depara com um poço em torno do qual havia três rebanhos de ovelhas. Naquele tempo, poços eram escavados no chão e uma pedra era colocada diretamente sobre a abertura para impedir que pessoas e animais caíssem. Depois de perguntar aos pastores que se encontravam perto do poço se eles conheciam os membros de sua família que viviam naquela região, Jacó questionou por que eles não tinham dado água para suas ovelhas. Eles responderam que deviam aguardar até que o quarto pastor chegasse para que, assim, pudessem remover a pedra do poço. Em seguida, aparece Raquel com o rebanho de seu pai. Podemos imaginar o olhar de Jacó quando ele viu Raquel pela primeira vez. Nossa! Amor à primeira vista! A beleza de Raquel causa uma resposta emocional em Jacó que não pode ser aquela que esperávamos. Em vez de sentir um desejo essencialmente sexual, ele desejava servir aquela mulher.

Jacó não corre para ela, agarra-a e a beija apaixonadamente. Primeiro, ele remove a pedra, oferece água às ovelhas e só depois de servir Raquel é que ele a beija. A resposta dela também é reveladora: Raquel corre o mais rapidamente possível para contar a seu pai, pois não deseja trazer desonra para ele e para seu povo – portanto, seu pai precisava saber o que tinha acontecido. Raquel, cujo nome significa literalmente ovelha, reflete a pureza e a inocência de um cordeiro. Seu nome reflete seu caráter.

O beijo é uma forma comum de saudação entre os homens nas culturas do Oriente Médio. Dado no rosto, na testa, na barba ou nas mãos, este é um sinal visível de boas-vindas e de fraternidade oferecido aos familiares como forma de homenagear a amizade e o amor. No Novo Testamento, São Paulo incentiva a Tessalonicenses: "Saudai a todos os irmãos com ósculo santo" (I Tessalonicenses 5:26). Em Lucas 7:38, lemos sobre uma mulher "pecadora" que se ajoelha aos pés de Jesus e os beija. E, talvez o mais famoso de todos os beijos seja aquele da traição de Judas (Lucas 22:47-48). No entanto, para Jacó e

Raquel, o beijo é um sinal de profundo afeto. Esses primeiros sinais, esse respeito mútuo no primeiro encontro dos dois, prediz algo bom, pois eles têm uma verdadeira paixão um pelo outro. Entretanto, será que tudo o que começa bem termina bem?

Conforme a história prossegue, lemos sobre o pai de Raquel, Labão, que tinha uma filha mais velha chamada Lia. Jacó pede Raquel em casamento e, como não tinha dinheiro ou bens para dar em troca, oferece sete anos de serviço a Labão – afinal, seu trabalho era tudo o que tinha para oferecer. Sete anos de serviço! Uau, os tempos certamente eram diferentes aquela época. No entanto, quando se está apaixonado, qualquer sacrifício parece valer a pena. Sua resposta aos sete anos de serviço resume, talvez, o mais belo sentimento de um homem para uma mulher – "Assim serviu Jacó sete anos por Raquel; e estes lhe pareceram como poucos dias, pelo muito que a amava" (Gênesis 29:20).

Sete anos é muito tempo para esperar. Apesar de a beleza física de Raquel ser inegável, Jacó certamente veio a conhecer as boas e as más qualidades da mulher durante esse período. Os anos seguintes apresentariam alguns desafios, mas esse longo período de noivado proporcionaria ao casal o amadurecimento do amor, algo que seria necessário para que eles compreendessem esse sentimento por completo. Por sua espera, Jacó expressa que está disposto a fazer sacrifícios por Raquel. Se aquele sentimento fosse amor, certamente resistiria ao teste do tempo.

Quando os sete anos chegam ao fim e o grande dia se aproximava, Jacó sofre um golpe insuportável. Labão troca as filhas. Jacó consuma seu casamento com Lia, que está coberta por um véu, em vez de consumá-lo com Raquel. Que coisa mais corrupta – para dizer o mínimo – a se fazer! Jacó fica furioso. Labão defende sua decisão e explica que é costume que a filha mais velha se case primeiro. Não consigo imaginar que Lia também não estivesse de acordo com a farsa. Que jeito horrível de se iniciar um casamento! As consequências em longo prazo para um casamento construído sobre a desonestidade e o engano são sempre dolorosas e agonizantes.

Após a longa semana nupcial e as festividades do casamento chegarem ao fim, Labão muda de ideia novamente e concorda em permitir que Jacó se case com Raquel – se ele aceitar trabalhar por mais sete anos sem receber pagamento. Ouvimos as palavras de Deus no livro do Gênesis ecoando no pano de fundo deste texto, pois Sua vontade é um homem para uma mulher. No entanto, esse patriarca entra em um relacionamento bígamo.

Quais eram suas alternativas? Jacó deveria permanecer casado com Lia? Ele poderia tê-la rejeitado em sua noite de núpcias. Ele poderia ter aprendido a amá-la e a servi-la. Afinal, o pai de Jacó fora forçado a aceitar as consequências da fraude de Jacó representando seu irmão Esaú. Uma tarefa difícil, mas ele poderia ter aceitado isso como a vontade de Deus para sua vida.

Raquel, vendo que Lia estava esperando os filhos de Jacó, ficou furiosa e com inveja, exigiu de Jacó: "Dá-me filhos ou morrerei!". O comportamento de Raquel foi mudando, e, em um nível humano, quem pode culpá-la? Raquel testemunhava seu marido ter relações com a irmã, que, por sua vez, gerava os filhos dele. Raquel ficou insatisfeita quando ele se enervou e, então, o descontentamento entrou em cena.

Em um movimento que parece bastante estranho aos nossos padrões culturais, Raquel oferece a Jacó sua serva, Bila, para que ele pudesse ter um filho com ela. Bila teve dois filhos. Naquele tempo e naquela cultura, os filhos desse tipo de união seriam considerados filhos de Raquel. Mais tarde, em Gênesis 30:14-15, lemos que Raquel permite que Lia durma com Jacó em troca de algumas mandrágoras! A união que Deus reuniu estava se transformando em um circo.

Embora o ciúme Raquel seja evidente e sua atitude tenha mudado, as Escrituras revelam que Jacó ficou irritado com ela apenas uma vez. O amor de Jacó por Raquel não diminuiu – nem durante esse período, nem ao longo dos anos restantes que eles passaram juntos. Em Gênesis 48:7, lemos que Jacó, perto do fim da sua vida, abençoa seus filhos, observando "Vindo, pois, eu de Padã, morreu-me Raquel no caminho". Ela foi sepultada na estrada que liga Belém a Jerusalém.

Esta história de amor começa com uma ajuda e com um beijo. A vida de Raquel e Jacó juntos passa por algumas reviravoltas inesperadas, mas, por meio do amor e do sofrimento do casal, há o nascimento de uma nação. Os filhos de Jacó formarão as doze tribos de Israel e darão frutos muito além do que ele e Raquel poderiam sequer ter imaginado.

Oração

Deus de Abraão, Isaac e Jacó, guia-nos em nossas escolhas de um cônjuge e dos cônjuges de nossos filhos. Dá-nos a graça de amar e de servir o nosso cônjuge, e que nosso amor por Vós se derrame em todas as relações que encontramos. Que os sacrifícios por nossos entes queridos sejam feitos com zelo e alegria. Lembra-nos de que, ao amarmos uns aos outros, estamos amando ao Senhor. Faz que os outros se sintam atraídos não apenas por nossa aparência, mas pela fé, pela esperança, pelo amor e pela alegria que vêm de Deus. Amém.

Citação

O matrimônio, baseado num amor exclusivo e definitivo, torna-se o ícone da relação entre Deus e o seu povo, vice-versa. A forma de amar de Deus torna-se a medida do amor humano.

*Papa Bento XVI**

---

*Papa Bento XVI, *God Is Love: Deus Caritas Est.* Washington, D.C.: USCCB, 2006. p. 16.

Perguntas para reflexão

1. Em nossa cultura, quais qualidades ou características são vistas como tendo grande importância? Essas qualidades são a base para um relacionamento durador?

2. Quem o amou ao servi-lo? Pense em sua infância e em sua adolescência. Existe alguma pessoa que o ajudou a se tornar a pessoa que você é por meio de amor, expressado pela ajuda?

3. Da dor e do sofrimento de Jacó e de Raquel, nasceu uma nação. Você consegue pensar em um mo-mento de sua vida quando algo de bom surgiu com dor e sofrimento? Foi algo tangível ou talvez uma perspectiva diferente?

4. Reflita sobre alguns aspectos culturais atualmente aceitos que são contrários à vontade de Deus expresso em Sua Palavra ou no ensino de Sua comunidade de fé.

Conexão do amor

Faça uma boa ação hoje, uma ação pequena e anônima, e não se importe com o custo disso.

Capítulo 5

José e seus irmãos
Reconciliação radical

A capacidade de perdoar é uma das qualidades que vêm diretamente do coração de Deus. Seu amor misericordioso nos possibilita perdoar uns aos outros. Madre Teresa disse que "é preciso ter um grande amor para perdoar, mas uma humildade ainda maior para pedir perdão". Essa é provavelmente a razão pela qual há tanta raiva, inveja, ódio, guerra e divisão em nosso mundo – isso para não mencionar todos os medicamentos para dores de estômago e úlceras!

Muitas vezes, acho que a virtude do perdão é algo que Jesus e seus seguidores aprimoraram – se é que não a inventaram por completo. Entretanto, antes de Jesus, antes de Isaías, antes do rei Davi e antes de Elias, conhecemos um dos homens mais santos da Bíblia: José. Se alguém tiver o direito de obter o seu quinhão, esse alguém é esse homem justo. Sua resposta aos maus-tratos violentos, às falsas acusações e aos insultos recebidos é um desafio para todos aqueles que pretendem seguir a Deus.

"Eu sou José, seu irmão..."

Se não estiver familiarizado com a história de José e de seus irmãos, que aparece no livro do Gênesis, Capítulos 37-50, você pode pensar que essas palavras soam como música aos ouvidos dos irmãos dele.

> *Ah, finalmente, meu irmão, aquele a quem espero, um irmão com quem poderemos compartilhar uma refeição e contar as mesmas velhas histórias da família novamente! Meu irmão está aqui, agora estou finalmente em casa.*

Bem, pense novamente. José, filho de Jacó, revela-se a seus irmãos, que, por sua vez, tinham todo o direito de ficarem aterrorizados.

Um breve relato da história de José começa com seus pais, Jacó e Raquel. Ele foi o décimo primeiro filho. Quando ainda era um menino, José recebeu uma elegante vestimenta de seu pai. Ele também sonhou que o sol, a lua e onze estrelas se inclinavam diante dele – sonho que interpretou como sendo o dia em que os membros de sua família se curvariam diante dele. Seus irmãos ficaram irritados ao ouvir isso e o garoto foi vendido como escravo para um grupo de ismaelitas que o levaram para o Egito. Depois disso, os irmãos ensanguentaram suas vestes para fazer seu pai acreditar que José estava morto.

No Egito, José subiu a uma posição de influência, mas foi preso sob falsas acusações de ter se aproveitado da esposa de seu mestre. Depois de interpretar os sonhos do Faraó, que prenunciavam uma onda de fome, José foi libertado e recebeu a responsabilidade de gerenciar o abastecimento de alimentos do Egito. Quando a fome os afligiu, os irmãos de José foram ao Egito em busca de alimento. Primeiro, José se disfarçou e fez um de seus irmãos como refém, exigindo que os outros buscassem seu irmão mais novo, Benjamin, e o levasse para Egito. Quando eles voltaram, José revelou sua identidade e levou toda a sua família para viver no Egito com ele.

E disse José a seus irmãos: "Peço-vos, chegai-vos a mim". E chegaram-se; então disse ele: "Eu sou José, vos-

so irmão, a quem vendestes para o Egito. Agora, pois, não vos entristeçais, nem vos pese aos vossos olhos por me haverdes vendido para cá; porque para conservação da vida, Deus me enviou adiante de vós. Porque já houve dois anos de fome no meio da terra e ainda restam cinco anos em que não haverá lavoura nem sega. Pelo que Deus me enviou adiante de vós, para conservar vossa sucessão na terra e para guardar-vos em vida por um grande livramento. Assim não fostes vós que me enviastes para cá, senão Deus, que me tem posto por pai de Faraó, e por senhor de toda a sua casa, e como regente em toda a terra do Egito". (Gênesis 45:4-8)

O que permitiu que José dissesse essas palavras aos seus irmãos? Ele menciona três vezes que foi Deus, e não seus irmãos, quem realmente o enviou para o Egito. Ele recebeu tudo das mãos de Deus, incluindo o sofrimento, as falsas acusações e a humilhação. Por causa de sua fé em Deus, José foi capaz de fazer algo que a maioria de nós não consegue: ele mudou sua perspectiva sobre a sua vida. Julgamos as coisas do nosso ponto de vista limitado, humano, imperfeito, e, frequentemente, fazemos julgamentos incorretos. José, que não protestou verbalmente durante as injustiças que recaíram sobre ele, analisou sua vida a partir da perspectiva de Deus. Isso o tornou capaz de perdoar e de amar aqueles que o haviam machucado.

O amor de José por seus irmãos era sincero, e não apenas palavras ocas de perdão. Ele diz, de forma bastante bela: "E ali te sustentarei, porque ainda haverá cinco anos de fome, para que não pereças de pobreza, tu e tua casa, e tudo o que tens." (Gênesis 45:11) e "E beijou a todos os seus irmãos, e chorou sobre eles; e depois seus irmãos falaram com ele" (Gênesis 45:15).

José continua a ser um modelo de entrega total e completa a Deus. O testemunho de vida fala por si. Não houve "olho por olho" ou "dente por dente" na história de José. Em virtude de tudo isso, ele é um homem de fé e amor, ambos expressados por meio do perdão, da reconciliação e da providência.

Oração

Pastor de Israel, ensina-nos a perdoar e a nos reconciliarmos como José o fez. Permita-nos a graça de aceitar todas as provações da vida vindas de suas mãos. Cura-nos das feridas causadas por nossos semelhantes e perdoa-nos se às vezes ferimos os outros com nossas palavras, comportamentos e negligência. Estamos inteiramente diante do Senhor e pedimos que elimine toda a inveja, o ciúme, a injustiça e todas as causas que nos levam para longe do Senhor e dos outros. Lembra-nos sempre de que o Senhor está no controle e de que há um propósito para tudo o que acontece em nossas vidas. Amém.

Citação

Ninguém gosta de ser enganado. O medo toma conta e as trevas recaem sobre você. É assim que as vítimas de bullying *se sentem constantemente. Ficamos com medo, não apenas do valentão, mas de nos apoiarmos em nós mesmos. Escondemos no nosso interior a luz que pode vencer as trevas. Quando José estava na prisão, ele sentiu essas trevas. Seus irmãos o venderam como escravo; ele foi falsamente acusado e enviado para a prisão; sofreu injustiça, mas mesmo assim permitiu que Deus o usasse como um instrumento para interpretar sonhos. Ele perdoou os irmãos e Potifar por suas ações. Ele deixou Deus trabalhar por meio dele para fazer o melhor de sua situação. Temos de nos tornar instrumentos da luz de Deus. Embora o assédio moral tenha deixado cicatrizes em mim, ele também me deixou compaixão. Valorizo o amor de meus amigos. Há sempre uma luz na escuridão. Será que estamos dispostos a difundir a luz guia de Deus onde reside o nosso maior medo?*

Elizabeth Tartaglia
*(em formação na Ordem das Irmãs da Caridade Cristã)**

Perguntas para reflexão

1. O que você acha mais fácil: perdoar ou pedir perdão?

---

*Elizabeth Tartaglia, noviça da Ordem das Irmãs da Caridade Cristã. Citada com a permissão da autora.

2. Somente quando era mais velho foi que José disse que realmente foi Deus quem o levara para o Egito. Você já teve uma mudança de perspectiva, com a passagem do tempo, com relação a uma experiência difícil?

3. Quando perdoamos, libertamos um prisioneiro e percebemos que éramos nós quem estávamos no cativeiro! Alguma vez você já experimentou a liberdade que o perdão traz, seja com Deus ou com os outros?

4. Você já esteve em posição de oferecer o perdão, como José? Foi uma situação difícil? Houve restrições?

5. Há alguma área em sua vida em que você precisa se "acertar com Deus" ou com os outros? Qual será o próximo passo a ser dado por você?

Conexão do amor

Reserve algum tempo para examinar sua consciência e para pedir a graça do perdão (e também a coragem e a humildade necessárias para pedir perdão).

Capítulo 6

Abigail e Davi

Inteligência, beleza e amor

Abigail é uma das mais respeitadas e aclamadas mulheres em todo o Judaísmo. Sua inteligência, beleza e voz profética literalmente impediram Davi, o futuro rei de Israel, de seguir suas trilhas. O pensamento e a ação rápidos de Abigail impressionaram Davi, além de ajudá-lo a se tornar o líder temente a Deus que ele fora chamado para ser. Abigail viu em Davi o que ele não conseguia ver em si. Isso provaria ser a maior lição que ele aprendeu. Davi não seria capaz de reinar até que ele tivesse deixado o reino de Deus agir em sua própria vida. Essa lição veio pelo delicado, porém direto, amor de Abigail em um ponto crucial da vida do jovem Davi.

No primeiro livro de Samuel, lemos:

> *E era o nome deste homem Nabal, e o nome de sua mulher Abigail; e era a mulher de bom entendimento e formosa; porém o homem era duro, e maligno nas obras, e era da casa de Calebe. (I Samuel 25:3)*

O nome Abigail significa "alegria de meu pai", portanto, é seguro presumir que seu pai a adorava e a tratava bem. No entanto, quando nos deparamos com Abigail na Bíblia, ela é casada com um homem terrível chamado Nabal, cujo nome significa "tolo", e que veio a ser associado com o fracasso. Não somos informados de como e por que ela acabou se envolvendo nessa relação. Todavia, sua profunda compreensão e seu rápido raciocínio viriam a ser conhecidos em todo o mundo.

No desenrolar da história, Davi envia dez dos seus homens mais jovens até Nabal, que vive em Carmelo, e ordena-lhes:

> *Subi ao Carmelo e, indo a Nabal, perguntai-lhe, em meu nome, como está. E assim direis àquele próspero: "Paz tenhas, e que a tua casa tenha paz, e tudo o que tens tenha paz! Agora, pois, tenho ouvido que tens tosquiadores. Ora, os pastores que tens estiveram conosco; agravo nenhum lhes fizemos, nem coisa alguma lhes faltou todos os dias que estiveram no Carmelo. Pergunta-o aos teus moços, e eles o dirão. Estes moços, pois, achem graça em teus olhos, porque viemos em boa ocasião. Dá, pois, a teus servos e a Davi, teu filho, o que achares à mão". (I Samuel 25:5-8)*

A resposta de Nabal não é o que Davi esperava. Nabal recusa terminantemente qualquer hospitalidade, na forma de alimentos ou de bebidas, a Davi e a seus homens. Davi fica tão revoltado que, com raiva, pega sua espada e planeja derramar o sangue de Nabal e de sua família. Em resposta às ações de Davi, Abigail rapidamente:

> *Ttomou duzentos pães, e dois odres de vinho, e cinco ovelhas guisadas, e cinco medidas de trigo tostado, e cem cachos de passas, e duzentas pastas de figos passados, e os pôs sobre jumentos. E disse aos seus moços: "Ide adiante de mim, eis que vos seguirei de perto". (I Samuel 25:18-19).*

Ela fez isso sem informar o marido.

Enquanto Davi e seus homens iam para Carmelo para matar Nabal e sua família, sua raiva se intensificou. Sua bondade tinha sido substituída pelo mal e ele estava prestes a se vingar, até que conheceu Abigail. A mulher desceu do jumento, prostrou-se diante de Davi e lhe fez uma homenagem. Ela caiu aos seus pés, dirigiu-se a ele como "meu Senhor" e pediu-lhe que a culpa de Nabal caísse sobre ela. Abigail corajosamente pediu permissão para falar, pediu-lhe para que ele a ouvisse e humildemente dirigiu-se a si como "serva". O que acontece depois é notável: Abigail mudou Davi de tal forma que ele ficou aberto à repreensão. Vemos Deus usando o profeta Natã mais tarde na vida de Davi para admoestá-lo por meio de uma parábola, mas, aqui, uma mulher o enfrenta e informa-lhe que o caminho que ele pretende seguir não é o caminho de Deus.

> *Agora, pois, meu senhor, vive o Senhor, e vive a tua alma, que o Senhor te impediu de vires com sangue, e de que a tua mão te salvasse; e, agora, tais quais Nabal sejam os teus inimigos e os que procuram mal contra o meu senhor. E agora este é o presente que trouxe a tua serva a meu senhor; seja dado aos moços que seguem ao meu senhor. Perdoa, pois, à tua serva esta transgressão, porque certamente fará o Senhor casa firme a meu senhor, porque meu senhor guerreia as guerras do SENHOR, e não se tem achado mal em ti por todos os teus dias. (I Samuel 25:26-28)*

Na verdade, Abigail diz a Davi que ele está errado, e que o que ele está fazendo é ruim. Ela também lhe informa que, quando ele se tornar rei, esse ato de vingança não será esquecido. A bela Abigail afirma que "a vida de meu senhor será atada no feixe dos que vivem com o Senhor teu Deus; porém a vida de teus inimigos ele arrojará ao longe, como do meio do côncavo de uma funda" (I Samuel 25:29).

Abigail corajosamente comunica a Davi que a batalha que ele está lutando é a batalha de Deus, e que a vida que ele está vivendo é a vida de Deus. Ela o aconselha a confiar que Deus cuidará dele e o defenderá. Isso é uma forte censura quando vindo de uma mulher estranha e endereçado a um homem que está prestes a se tornar o rei de Israel. Entretanto, embora a repreensão seja forte, Abigail é delicada como uma pomba quando se dirige a Davi como "senhor" e quando se curva diante dele. Duas vezes ela pede perdão por dizer o que está dizendo. Foi o marido quem pecou, mas ela está intercedendo por ele e protegendo Davi de si mesmo. Ele não a repreende ou eleva a voz para ela, mas fala com ternura e compaixão. O desejo de Abigail, afinal, não era o de buscar sua própria vontade, mas o de ver Davi se tornar o rei que Deus queria que ele fosse.

Davi, por seu mérito, ouviu e reconheceu a voz de Deus falando por meio de Abigail e a recebeu como tal. As primeiras palavras da resposta de Davi apontam para Deus. Afinal, Abigail havia desviado os olhos de Davi de Nabal e do desejo de vingança de Davi, fazendo-os retornar para o Senhor.

Então Davi disse a Abigail: "Bendito o Senhor Deus de Israel, que hoje te enviou ao meu encontro. E bendito o teu conselho, e bendita tu, que hoje me impediste de derramar sangue e de vingar-me pela minha própria mão. Porque, na verdade, vive o Senhor Deus de Israel, que me impediu de que te fizesse mal, que se tu não te apressaras, e não me vieras ao encontro, não ficaria a Nabal até a luz da manhã nem mesmo um menino". Então Davi tomou da sua mão o que tinha trazido e lhe disse: "Sobe em paz à tua casa; vês aqui que tenho dado ouvidos à tua voz, e tenho aceitado a tua face". (I Samuel 25: 32-35)

Abigail levou Davi de volta para o Senhor e o mérito dela não se deve à sua beleza ou inteligência, mas ao seu discernimento e à sua compreensão dos caminhos de Deus. Logo em seguida, Nabal, ao ouvir o que sua esposa havia feito, ficou impressionado, em choque, e morreu dez dias depois. Davi ouviu a notícia e se alegrou. Ele, então, pediu Abigail em casamento e ela aceitou. Abigail, que mudou o coração do futuro rei, lembrando-lhe dos caminhos de Deus, era, na verdade, a alegria de seu Pai Celestial.

Oração

Senhor Deus, o Senhor salvaste Davi de si mesmo por meio de Tua serva Abigail. Envia às nossas vidas pessoas para corrigir nosso caminho quando, pela nossa própria tolice, ignorância e orgulho, desviamo-nos de Ti. Deixa a gentileza e a honestidade de Abigail serem nosso modelo de correção fraterna, e que nossos pensamentos e corações estejam sempre focados em Ti. Amém.

Citação

O que mais me impressiona sobre a bela história de Abigail e Davi é a vontade que ambos têm de sair de suas zonas de conforto e fazer o que sabem que é o certo. Como deve ter sido terrível para Abigail repreender o futuro rei de Israel. Ela certamente sabia os riscos de suas ações, mas colocou seus medos de lado e fez o que sabia que era o certo. Davi, por sua vez, permitiu-se estar aberto às palavras de Abigail. Como seria mais fácil para ele o silêncio dessa mulher que ousou cruzar-lhe o caminho. Quantas oportunidades na vida passam por nós simplesmente porque não nos permitimos estar abertos: para agir, para falar, para ouvir? Quantos amigos perdemos, quantos entes queridos machucamos, quantas vidas não conseguimos tocar porque todo o nosso coração e toda a nossa mente estão fechados? Felizmente, Abigail e Davi não permitiram que as normas culturais de seu tempo os impedisse de seguir seus corações. Que bela parceria eles iriam construir, e que belo exemplo para nós eles se tornaram.

Amber Dolle[*]

---

[*]Amber Dolle. Citada com permissão do autor.

Perguntas para reflexão

1. Você acha que suas batalhas também são batalhas de Deus? Você confia que Deus vai cuidar de suas necessidades?

2. Existe alguém em sua vida a quem você deve lembrar os caminhos de Deus? Qual é o perigo potencial se a correção não for feita com cuidado ou não for bem recebida?

3. Coloque-se no lugar de Abigail por um minuto. Teria sido difícil para você confrontar Davi, o futuro rei, como Abigail fez?

4. Já houve alguma vez em que você teve de convencer alguém a mudar seu curso de ação, como Abigail fez com Davi?

Conexão do amor

Humildemente, peça a Deus que envie em seu caminho alguém que possa corrigi-lo com carinho e lembrá-lo de Deus.

Capítulo 7

Davi e Jônatas
A união de irmãos

Nas páginas dos livros I e II de Samuel, lemos sobre dois homens, Davi e Jônatas, cuja amizade e amor um pelo outro são obras de Deus.

> *E sucedeu que, acabando ele de falar com Saul, a alma de Jônatas se ligou com a alma de Davi; e Jônatas o amou, como à sua própria alma. E Saul naquele dia o tomou e não lhe permitiu que voltasse para casa de seu pai. E Jônatas e Davi fizeram aliança; porque Jônatas o amava como à sua própria alma. E Jônatas se despojou da capa que trazia sobre si e a deu a Davi, como também as suas vestes, até a sua espada, e o seu arco, e o seu cinto. (I Samuel 18:1-4)*

Nada une as pessoas mais que uma batalha. A ligação que ocorre quando se está em guerra, em combates a incêndios ou em lutas contra um adversário comum é única. Somente aqueles que experimentaram a luta compreendem plenamente a solidariedade e a camaradagem que ela traz. Pergunte a qualquer veterano da Segunda Guerra Mundial ou do Vietnã, ou a qualquer bombeiro ou policial nova-iorquino que perdeu um amigo nos ataques terroristas de 11 de setembro, e eles certamente irão lhe dizer sem vergonha de seu amor por um companheiro que faleceu. Pergunte a qualquer atleta sobre um jogo que tenha sido difícil e essa pessoa imediatamente retornará àquele momento no tempo: os tempos e as jogadas, o campo e a torcida, os segundos tiquetaqueando no relógio.

Os soldados e os atletas muitas vezes formam laços de amor que duram por toda uma vida. Trata-se de um amor que nasce de uma experiência compartilhada. A emoção da vitória e a agonia da derrota nos ligam aos momentos em nossas vidas mais que qualquer outra coisa.

Davi e Jônatas eram dois homens que tinham uma ligação como se fossem irmãos – afinal, eles foram irmãos de armas durante a guerra. Jônatas era o filho mais velho do rei Saul, herdeiro do trono e um homem extremamente leal a seu pai. Ele também tinha uma profunda lealdade por Davi, o jovem guerreiro que havia acabado de matar Golias. Conforme a história prossegue, é evidente que a tensão se intensifica posto que Jônatas fica preso entre essas duas lealdades. Ele deveria ter sido o próximo rei, mas Davi já havia sido ungido rei em segredo por Samuel em Belém. Jônatas sabia que era apenas uma questão de tempo antes que Davi tomasse seu lugar no trono.

Embora a lealdade de Jônatas a Davi fosse verdadeira e sincera, ele também era fiel ao seu pai. A história da amizade de Jônatas e Davi se desenvolve a partir dessa tensão, e lemos que Jônatas "lançou o seu lote" com Davi. Sem dúvida, Jônatas e Davi pensavam da mesma forma, pois eram guerreiros que olhavam para a vida pelas mesmas lentes. A fé de Jônatas em Deus pode ser encontrada em suas próprias palavras: "Vem, passemos à guarnição destes incircuncisos; porventura operará o Senhor por nós, porque para com o Senhor nenhum impedimento há de livrar com muitos ou com poucos" (I Samuel 14:6). Em outras palavras, Jônatas sabia que, se o Senhor estivesse com ele, o plano sucederia, a despeito de sua própria força ou de seus soldados.

Davi sentia o mesmo sobre o Senhor, como percebemos quando ele é descrito como um homem "segundo o seu coração" (ver I Samuel 13:14). Como o autor mais famoso dos Salmos, Davi revela a sua confiança no Senhor bela e poeticamente. Embora Davi e Jônatas não fossem parentes, eles compartilhavam a fé em Deus, e esse elo é mais forte e profundo que o sangue.

Enquanto Davi está explicando a Saul sua vitória sobre Golias, o coração de Jônatas se uniu ao coração de Davi e eles fizeram um pacto. É assim que muitas vezes os laços de amizade também têm início em nossas vidas. Somos atraídos por pessoas que têm a mesma fé, que estão envolvidas nas mesmas atividades, que acham engraçadas as mesmas coisas e que partilham de nossa perspectiva de vida. Essa atração inicial é o "início de uma bela amizade", como Humphrey Bogart diz no filme *Casablanca*. Para muitas pessoas, o relacionamento inicial nunca é muito profundo, não há um compromisso real de uma parte com a outra e não há compartilhamento de experiências. No entanto, Jônatas levou sua amizade para outro nível.

Em uma expressão de sua amizade e de seu amor, Jônatas oferece uma promessa, uma aliança, a Davi. Pactos bíblicos – relações baseadas no compromisso mútuo que duram até a morte – normalmente envolvem uma promessa. Isso é o que vemos Jônatas fazendo aqui: prometendo-se a Davi. Esse ato foi simbolizado pela entrega do seu traje a Davi. Ele não se despiu totalmente, mas "se despojou da capa que trazia sobre si, e a deu a Davi, como também as suas vestes, até a sua espada, e o seu arco, e o seu cinto" (I Samuel 18:4). Receber o manto de um membro da família real como Jônatas foi uma honra extrema.

Presentear Davi com sua armadura, espada, arco e cinto também simbolizava sua submissão a Deus, já que Jônatas reconhece Davi, não seu pai, como o ungido do Senhor. Ele se doa totalmente, e essa é a essência da amizade e do amor. Jesus dirá mil anos mais tarde que "Ninguém tem maior amor do que este, de dar alguém a sua vida pelos seus amigos" (João 15:13). Jônatas está verdadeiramente doando sua vida a seu amigo.

A palavra hebraica para amor usada naquele texto, *ahava*, descreve o amor entre dois parceiros sexuais menos de 20% das vezes. Normalmente, essa palavra é usada para descrever o amor entre amigos, entre Deus e o homem, a relação entre Deus e sua criação.

Depois de derrotar os soldados de Amalaque em uma batalha, Davi abruptamente fica sabendo da morte de Saul e de Jônatas. Como uma forma de expressar tristeza e amor por seu companheiro que pereceu, Davi compõe um cântico e ordena que o povo de Judá aprenda esse tributo a fim de homenagear o homem:

> *Angustiado estou por ti, meu irmão Jônatas; quão amabilíssimo me eras!*

Mais maravilhoso me era o teu amor do que o amor das mulheres.

Como caíram os poderosos, e pereceram as armas de guerra!

(II Samuel 1:23-27)

Tamanha é a força do amor de Davi por seu irmão de armas.

Oração

Pai Celestial, obrigado pelos amigos e companheiros em minha vida – aqueles que me amam, servem-me e sacrificam suas vidas por mim. Que o amor e a amizade entre Davi e Jônatas sejam um modelo para todos os relacionamentos que tenho em minha vida – relacionamentos centrados na fé. Assim como Jônatas, permita-me lançar a minha sorte com o Senhor, mesmo quando isso possa significar romper com a família e com os amigos que não compreendem Teus caminhos. Ajuda-me a manter meu foco em fazer a Tua vontade, mesmo que isso tenha um custo e que minha alegria reflita a minha amizade e o meu amor por Ti, meu Deus e meu tudo. Amém.

Citação

Uma das noites mais divertidas que tive foi na festa de aposentadoria do meu treinador de beise-

bol da faculdade, Frank Giannone, aposentado 15 anos depois que eu me formei e depois de 30 ou mais anos de quadra. A quantidade de alunos que compareceu foi surpreendente. Ex-jogadores vindos de todas as partes de Nova York, Flórida, Arizona, Texas, Califórnia – todos ali para celebrar a carreira de um homem que significou muito para todos nós. Nesses 30 anos, vários de nós não conhecíamos os jogadores que vieram antes ou depois de nosso tempo na equipe, mas isso não importava. Éramos todos jogadores do time de beisebol Blackbird, da Long Island University. As histórias sobre o treinador fluíam – várias delas muito parecidas. As mesmas frases, as mesmas piadas, os mesmos treinamentos. Amizades foram feitas, endereços e números de telefone foram trocados entre pessoas que nunca haviam se encontrado antes daquela noite – tudo porque simplesmente éramos Blackbirds, e isso significava que as pessoas deviam ser legais. É incrível saber que qualquer um de nós pode pedir ajuda ao outro e pode contar que essa ajuda virá. Tal é o poder de um companheiro.

Brad Keely[*]

[*]Brad Keely: lançador do Blackbirds (time de beisebol da LIU-Brooklyn), 1989–1992. Citado com a permissão do autor.

Perguntas para reflexão

1. Quem foram alguns de seus amigos fiéis ao longo dos anos? Vocês compartilham qualidades e características?

2. Saber que você tem de um amigo querido e de confiança o ajuda a passar pelos altos e baixos da vida?

3. Alguma vez você já se sacrificou por sua fé ou por um amigo? Essa foi uma experiência fácil ou difícil?

4. Você caracterizaria seu relacionamento com Deus como uma amizade? Quais elementos são semelhantes e quais são diferentes?

Conexão do amor

Reflita sobre algumas das amizades que você tem alimentado em sua vida e ore por essas pessoas. Deixe claro para elas que você pensa nelas com frequência e de uma maneira real.

Capítulo 8

Rute e Naomi

O amor ilumina o caminho

Às vezes, quando ocorre uma catástrofe, não pensamos no que devemos fazer, mas a quem devemos pedir ajuda. Nossa inclinação inicial pode ser a de não fazer nada e simplesmente se revolver na autopiedade. Podemos nos sentir furiosos com relação a Deus e procurar respostas sobre nossa desgraça. Felizmente, a maioria de nós tem a bênção de ter pessoas em nossas vidas que saberão o que fazer em seguida, que nos ajudarão a colocar a cabeça no lugar. Essas são as pessoas de quem nos lembramos. Embora possamos não recordar as palavras exatas que elas disseram, lembramo-nos da sua presença. A história de Rute e Naomi é um exemplo de estar lá para o outro na hora da necessidade. Essas duas mulheres notáveis cuidaram uma da outra por amizade e por amor, tudo com base na confiança inabalável que elas tinham em Deus.

Logo no início do livro de Rute, vemos que Naomi é uma israelita que se casa com um homem moabita e vai viver em sua terra natal. Eles têm dois filhos que se casam com mulheres moabitas. De forma repentina e sem explicação alguma, o marido e os dois filhos de Naomi morrem, deixando-a sozinha com suas duas noras, Rute e Orfa. Essa era realmente uma situação amarga em uma cultura e uma época em que a maioria das mulheres dependia de um pai, de um marido ou de um filho para oferecer apoio material. Essas três mulheres encontraram-se viúvas e sem filhos para apoiá-las. Há poucas palavras mais belas que estas nas Escrituras Hebraicas sobre Rute a Naomi:

Não me instes para que te abandone, e deixe de seguir-te; porque aonde quer que tu fores irei eu, e onde quer que pousares, ali pousarei eu; o teu povo é o meu povo, o teu Deus é o meu Deus. Onde quer que morreres morrerei eu, e ali serei sepultada. Faça-me assim o Senhor, e outro tanto, se outra coisa que não seja a morte me separar de ti. (Rute 1:16-17)

Nesses versos curtos, temos um vislumbre da profundidade do relacionamento de dez anos que elas compartilharam. O choro e o soluço enquanto Naomi tentava se despedir de Rute e de Orfa mostram o amor que essas mulheres devem ter compartilhado ao longo dos anos. Quantas refeições haviam preparado juntas? Quantas viagens pelo intenso calor do deserto elas suportaram? Quantas vezes falaram e riram enquanto seguiam seu caminho para o bem? Quantos dias elas passaram praticando, juntas, os ritos de purificação?

Naomi está preocupada com as mulheres mais jovens que se encontravam sem maridos e não tinham qualquer proteção ou segurança para seu futuro. Por ser mais velha e mais sábia, Naomi vê o que pode haver no futuro de suas noras, e tudo o que ela quer é o melhor para cada uma delas. Não há menção de sua preocupação com seu próprio bem-estar ou com sua própria circunstância. Sua única preocupação é para com aquelas duas mulheres: trata-se de um amor que procura o bem dos outros.

Como elas ainda estão em idade fértil, Naomi as manda retornarem à sua pátria e se casarem novamente. A bênção de Naomi visa à bondade do Senhor sobre elas, enquanto ela ora para que Ele lhes conceda maridos e, assim, elas encontrem descanso.

Naomi então beija carinhosamente cada uma delas e as lágrimas começam a cair enquanto os soluços brotam. Só podemos imaginar as perguntas que passavam por suas mentes: o que devo fazer agora? Aonde devo ir? Deus, onde estás?

No entanto, esse discurso de "adeus e boa sorte" não é comum, pois o Senhor está envolvido. E Naomi é fiel ao Senhor! Embora esteja refletido em suas palavras: "Ide, voltai cada uma à casa de sua mãe; e o Senhor use convosco de benevolência, como vós usastes com os falecidos e comigo" (Rute 1:8) – esse discurso deve ter ficado evidente em suas relações cotidianas também. Naomi deve ter se habituado em sua própria vida, em suas relações com a família e com os outros ao fato de o Senhor estar no controle. Sua fidelidade ao Deus de Abraão, Isaac e Jacó deve tê-la diferenciado das outras pessoas com as quais essas duas mulheres moabitas estavam acostumadas a lidar. Sua fé em Deus foi posta em ação por meio de seu amor por Rute e Orfa. Que sogra maravilhosa!

Rute então tomou uma decisão que afetaria seu futuro imediato e levaria ao nascimento do Rei Davi e do próprio Cristo (Mateus 1:5 menciona Rute na genealogia de Jesus). Ela não voltará para seu povo e para seus deuses ancestrais, mas permanecerá com Naomi, que tem o Senhor como seu Deus. Há uma ligação lá que é maior que a carne – um verdadeiro vínculo de fé.

Rute não apenas verbaliza a sua fé, dizendo: "seu Deus é meu Deus", mas deixa evidente, pela sua convivência com Naomi, mesmo nesse momento de amargura, que sua fé é uma realidade viva. A piedade de Rute será um sinal para todos os povos de que Deus realmente olha para o coração. A ação visível de Rute de devoção e sua decisão de seguir Naomi serão recompensadas.

Pode parecer razoável e mesmo vantajoso seguir uma pessoa que tem muitas posses e riquezas, enquanto outra coisa completamente diferente é viver com uma pessoa atingida pelo infortúnio. Este último parece ser o caso de Naomi. Ela ainda implora para suas noras seguirem seus próprios caminhos quando afirma que "... a mão do Senhor se descarregou contra mim" e "... grande amargura me tem dado o Todo-Poderoso" (Rute 1:13, 20). Entretanto, é claro que ela vê a mão do Senhor trabalhando em sua vida. É pela mão de Deus que Naomi descreve sua infelicidade, que aponta para o fato de que todas as coisas que nos acontecem – boas ou más – são permitidas por Deus. Naomi aprenderá rapidamente que, embora Deus seja imprevisível, Ele nunca é infiel. A mensagem enviada em Provérbios soa verdadeira na vida de Naomi: "Confia no Senhor de todo o teu coração, e não te estribes no teu próprio entendimento. Reconhece-o em todos os teus caminhos, e ele endireitará as tuas veredas" (Provérbios 3:5-6).

Naomi carinhosamente se refere à Rute como "minha filha". Que palavras confortantes foram estas a Rute! Essas palavras a fizeram continuar sua caminhada de fé, como um estranho numa terra estrangeira!

Depois de voltar para sua aldeia em Belém, a preocupação de Naomi se volta para encontrar um lar adequado e agradável para sua nora, Rute. Seguindo as ordens de Naomi, encontramos Rute "colhendo" – ou juntando espigas de trigo – no campo de Boaz, um homem reto e fiel. Ele reconhece a fidelidade de Rute à sua sogra e reconhece sua confiança em Deus. Boaz, cujo nome que significa "força", é um parente da família de Naomi. Ele, então, reivindica a herança do marido falecido de Rute ao casar-se com ela. Rute lhe dá um filho e as mulheres da cidade louvam a Deus por isso:

> *Bendito seja o Senhor, que não deixou hoje de te dar remidor, e seja o seu nome afamado em Israel. Ele te será por restaurador da alma e nutrirá a tua velhice, pois tua nora, que te ama, o deu à luz, e ela te é melhor do que sete filhos. (Rute 4:14-15)*

O amor de Rute foi oferecido livre, total e fielmente a Naomi. E esse amor trouxe frutos a Rute, para Naomi e a todo o povo de Deus. O filho de Rute, Obed, tornou-se pai de Jessé, que foi o pai de Davi, o futuro rei de Israel. Pode parecer estranho que esse livro relativamente curto sobre duas mulheres, uma das quais sequer era judia, tenha sido incluído no Antigo Testamento – as Escrituras Hebraicas. Essa história de amizade, fidelidade e amor tem em seu centro a confiança em Deus. Mesmo quando as coisas pareciam estar péssimas, o Senhor proveu para essas duas mulheres que se preocupavam profundamente uma com a outra. Por meio de sua amizade e de sua fé, Deus se fez presente.

Deus agiu por meio do herói improvável, Rute: uma moabita, uma estrangeira, uma não judia. Ele a usa como exemplo de fé e disciplina. Deus tem Naomi como uma mulher de grande fé, de integridade e que ama ao Senhor. A amizade e a fé em Deus de ambas continuam a deliciar aqueles que leem sua história. Uma história que nos desafia a avaliar que, para cumprir a Sua vontade em nossas vidas, Deus pode trabalhar mediante outros que podem diferir de nós de muitas maneiras. Uma história que pode testar a nossa visão de amizade e nos lembrar de sermos fiéis aos que chamamos de amigos, tanto nos bons quanto nos maus tempos.

Assim como fez por meio de Rute, será que Deus pode estar falando a nós pela fidelidade de outro? Procuramos por aqueles que apresentam os sinais visíveis de sucesso, ou esperamos, como Rute, o coração e a obediência de uma pessoa que se comprometeu a Deus? Mesmo quando o desastre pode acontecer, precisamos nos agarrar à nossa integridade na forma como lidamos com a angústia, confiando que tudo vem do Senhor. Da mesma forma que aconteceu com essas santas mulheres, a nossa fé pode ser contestada, mas nunca devemos permitir que ela seja quebrada.

Oração

Deus de Abraão, Isaac e Jacó, chama nossos corações para mais perto de Ti e uns dos outros. Obrigado por prover amigos fiéis que percorrem o caminho de fé comigo, muitas vezes rumo ao desconhecido. Abre meus olhos para que eu possa vislumbrar Teu amor e Tua fidelidade nos meus amigos. Sou grato por Teu amor em minha jornada e, embora não saiba para onde estou indo, sei que o Senhor está comigo, em cada passo do caminho. Permita que eu seja um exemplo para os outros para que possa, assim, levá-los cada vez mais perto de Ti. Amém.

Citação

> *Conheci Caitlin quando eu estava na 4ª série. Ela tinha acabado de se mudar do outro lado do país, de San Diego, Califórnia, para uma rua a poucos quarteirões de distância de minha casa, em Edison, New Jersey. Caitlin é um ano mais velha que eu, mas isso nunca foi um empecilho. Sempre tivemos nossos meios de contornar o dilema da diferença de idade; caminhávamos lado a lado no* playground, *planejávamos reuniões secretas no banheiro – coisas de meninas. Isso continuou ao longo de todo o período que frequentamos a escola – ensino fundamental e ensino médio. E, antes que percebêssemos, 2009 chegou e era o último ano de Cate na escola. Como a maioria dos formandos, ela foi para a faculdade. Só que des-*

ta vez não estávamos lado a lado: ela estava a 5 mil quilômetros de distância, na ensolarada San Diego. No início foi uma sensação estranha poder falar com alguém de quem se gostava tanto e ao mesmo tempo manter o foco na realidade da enorme distância que nos separava. Era como se alguém estivesse me testando, esperando que eu não resistisse à mudança. Logo que nos encontramos, sentei-me e percebi que, ao longo destes meses, eu tinha aprendido uma lição valiosa. Não há nenhuma distância, nenhum problema, nenhuma preocupação, nenhuma quantidade de dinheiro que possa quebrar o elo e o amor de uma amizade verdadeira.

Julia Scarola
(estudante, Coastal Carolina University)[*]

Perguntas para reflexão

1. Alguma vez você já se deparou com uma situação desesperadora em que se perguntava "O que vou fazer agora?". Como você se sentiu naquele momento? Havia alguém para estender-lhe a mão e oferecer ajuda?

2. Você já conheceu alguém que acreditou ter sido enviado por Deus em sua vida? Foi um encontro dramático ou sutil?

---

[*] Julia Scarola. Citado com a permissão da autora.

3. Existe alguma pessoa em sua vida que você seguiria por causa de sua fé em Deus? Você acha que alguém iria segui-lo por causa de sua fé?

4. Muitas vezes, as bênçãos de Deus vêm em formas estranhas. Você consegue pensar em uma situação em que sua própria fidelidade ou a fidelidade de outra pessoa a Deus ou a você tenha feito toda a diferença?

Conexão do amor

Serei, todos os dias, fiel à minha amizade com Deus. Onde o Espírito Santo me guiar, eu O seguirei.

Capítulo 9

Tobias e Sara
Um casamento decidido no Céu

Deus sabe o que faz. Ele nem sempre nos comunica os detalhes, mas sabe o que faz. Podemos intelectualmente admitir a ideia de que Deus primeiro coloca as coisas em ação e de que, no final, existe um plano mestre para esta nossa vida. Muitas vezes, porém, há aquela pequena voz interior que nos chama e sussurra: "Deus tem problemas maiores que sua felicidade – e definitivamente muito mais importantes que sua vida amorosa!". Talvez os anos de espera e esperança de que alguém apareça e abale nossas vidas tenha nos frustrado e acabamos nos contentando com menos do que aquilo que Deus havia reservado para nós. A espera pode ser a parte mais difícil.

A linda história de Tobias e Sara nos dá uma visão angelical da fidelidade e do amor a partir da perspectiva de Deus. Na verdade, essa história revela que nossa vida e nossa felicidade amorosa são, de fato, muito importantes para Deus, porque é Ele quem as envia. O livro de Tobias* revela um Deus que nos ama e que tem uma visão muito maior que a nossa.

O livro de Tobias começa com um judeu piedoso, Tobit, que é fiel à aliança, apesar de estar exilado na cidade de Nínive depois da queda de Samaria, em 722 a.C. Ele continua a seguir as exigências da lei ju-

---

*O livro de Tobias só aparece no Antigo Testamento da Bíblia Católica. Versão consultada para este capítulo: Bíblia Sagrada, Ed. Pastoral, Paulus Gráfica, 2001. Tradução, introdução e notas de Ivo Storniolo e Euclides Martins Balancin. 1-2 Crônicas, Esdras, Neemias, Tobias, 1-2 Macabeus e Profetas. Tradução de José Luiz Gonzaga do Prado.

daica, como evitar alimentos sacrificados aos ídolos, enterrar os mortos, cobrir o corpo todo e, regularmente, dar esmolas aos pobres. Ele faz isso enquanto o seu próprio povo desobedece os mandamentos do Senhor. Descobrimos que Tobit leva sua fé em Deus com tanta sinceridade que arrisca a própria vida a fim de ser fiel ao Senhor. Para ele, a fidelidade à Torá é primordial. Deus honra a fidelidade de Tobit, concedendo-lhe a posição sublime como agente de compras de Salmanasar, o governador em Nínive.

Enquanto Tobit continua a viver sua vida de fé, ele se casa com Ana, uma mulher de sua linhagem, e o casal têm um filho chamado Tobias. Tobit continua seus trabalhos de caridade durante a Festa da Colheita e, por fazer isso, é ridicularizado por seu próprio povo. Entretanto, sua fidelidade a Deus destaca-se novamente, mesmo aos custos de perda pessoal e do ridículo. Quantas vezes entendemos a riqueza e o sucesso pessoais como um sinal da bênção de Deus? Para muitos dos personagens bíblicos, entretanto, o sofrimento é sinal de que eles estão fazendo a vontade de Deus.

Numa estranha reviravolta dos acontecimentos, Tobit sai de casa para dormir perto da parede de seu pátio e os "quentes excrementos" de alguns pássaros caem em seus olhos, resultando em cegueira total. Após quatro anos de cegueira, a sua oração, registrada no Capítulo 3 do livro de Tobit, revela seu desejo de morrer e deixar, assim, de ouvir os insultos dos outros. Ele sente que não pode suportar o sofrimento da vida. Sua prece oferece um vislumbre de seu coração e ecoa nas profundezas de muitas pessoas que chegaram ao seu limite – essas pessoas foram fiéis; elas confiaram em Deus; no entanto, Deus parece estar muito distante e ausente. A espera por uma resposta, por um sinal ou por alguma indicação de que Deus está presente é a parte mais difícil, e essas pessoas começam a se afastar do Senhor. Felizmente, o livro de Tobias registra de forma fiel essa oração, talvez para nos dar a esperança em meio aos nossos desesperos, dúvidas e batalhas.

No mesmo momento em que Tobit está fazendo sua oração, uma jovem mulher chamada Sara também orava pedindo a morte. Sara, filha de Raguel, tinha sido casada por sete vezes e, na noite de cada lua de mel, um espírito maligno chamado Asmodeu havia matado cada um de seus maridos. Você pode imaginar o que os maridos do terceiro ao sétimo pensavam quando se casaram com Sara, não é? Em sua angústia, Sara considerou enforcar-se, mas decidiu não fazê-lo porque isso traria vergonha para seu pai. Ficamos sabendo que Sara belamente "... derrama sua oração" diante do Senhor. Seu tormento e seu sofrimento interiores encontram expressão na oração a Deus.

"No mesmo instante, o Deus da Glória escutou a oração dos dois" (Tobias 3:16). Essas magníficas palavras, registradas no Capítulo 3, revelam que suas orações de fato foram ouvidas. Quando houve sofrimento, agonia ou aflição, Tobit e Sara voltaram os olhos e o coração para Deus. Deus estava consciente do sofrimento deles e prestes a responder seus pedidos de forma extraordinária. O Senhor então enviou o anjo Rafael para curá-los e livrá-los dos tempos de aflição.

Tobit se lembra de uma grande quantidade de dinheiro que ele havia deixado guardado na cidade de Média com um homem chamado Gabael. Tobit então enviou seu filho Tobias para Média, depois de dar-lhe instruções rigorosas sobre a doação de esmolas e a obediência aos decretos do Senhor. O anjo Rafael, disfarçado como um ser humano chamado Azarias, torna-se companheiro de viagem de Tobias. Ana está preocupada e com medo de nunca mais ver seu filho novamente, já que a estrada para Média era muito perigosa. Em um momento de ternura, Tobit disse a ela: "Então, não tenha tais pensamentos, não se preocupe com eles, meu amor". Essas são palavras de consolo e amor de alguém que, ao mesmo tempo que está aflito com a cegueira, pode ver a mão de Deus agir sobre a vida de seu filho.

Após montar o acampamento ao anoitecer, perto das margens do rio Tigre, Tobias desceu ao rio para lavar seus pés, quando foi surpreendido por um grande peixe que lhe mordeu o pé. O anjo mandou o menino segurar o peixe e o puxou para fora da água. Seguindo as instruções do anjo, Tobias tirou o fel, o coração e o fígado, e os guardou.

Neste momento você pode estar pensando: "O que está acontecendo aqui?" fígado de peixe, excrementos de pássaros, cegueira, sete maridos mortos na noite de núpcias, anjos? Isso está na Bíblia? Por mais estranho que possa parecer, sim, isso está na Bíblia. Embora eu concorde que essas coisas soam estranhas, pergunto-me se alguns dos acontecimentos em nossas vidas não são tão estranhos quanto. Penso em acidentes, situações engraçadas, conflitos ou simplesmente acontecimentos bizarros que ocorrem em minha própria vida e que fazem amigos e desconhecidos concordarem com um sorriso amarelo e partirem resmungando. Esses pequenos incidentes não são menos extraordinários que aqueles narrados no livro de Tobias.

Tobias ouve comentários de que Sara é sua sobrinha. Ela é descrita como "sensata, corajosa e muito bonita". As notícias sobre os sete maridos anteriores caindo mortos parecem ter viajado o mundo, como certamente seria de se esperar. Você pode imaginar o terror de qualquer homem que possa ter se interessado por ela... O bom senso diria que se casar com ela os transformaria em uma estatística, em vez de em um marido. O anjo Rafael leva Tobias a pensar que Sara seria uma excelente esposa para ele, considerando que ela era de sua linhagem e que seu pai, Tobit, desejava que ele se casasse.

Apesar das objeções de Tobias, Rafael diz para ele não dar ouvidos ao demônio, mas para colocar o fígado e o coração do peixe sobre as brasas do fogo utilizado para o incenso a fim de afastar o espírito mau, pois "... Ela foi destinada a você desde a eternidade e você é quem vai salvá-la. Ela irá com você." (Tobias 6:18). Rafael diz: "Não tenha medo" e "não se preocupe". Lemos, então, que Tobias se apaixonou profundamente por Sara. Raguel, o pai de Sara, concorda com o matrimônio e elabora um contrato de casamento de acordo com o decreto de Moisés. Em seguida, ele afirma que "Seu casamento com ela foi decidido no céu". Que alegria essas palavras trouxeram para Tobias e Sara! Finalmente, sua fé e sua confiança em Deus eram recompensadas. Dois corações entregues a Deus são unidos em um. Quando entraram no quarto nupcial para juntar seus corpos ao que suas vozes haviam proclamado, eles começam a orar: "Bendito és tu, ó Deus..."

Raguel é menos confiante do que se poderia esperar e já está cavando uma cova para Tobias. No entanto, Tobias é encontrado adormecido com sua noiva – e, sim, ele está respirando. Raguel também começa a louvar a Deus. Depois de uma despedida cordial, os noivos retornam para a casa de Tobias. Tobit e Ana dão as boas-vindas ao filho e aceitam Sara com alegria, como sua própria filha. Nesse momento, o anjo Rafael revela a eles quem realmente é. Rafael diz que era ele quem "... apresentava o memorial da súplica de vocês diante do Senhor glorioso" (Tobias 12:22). A resposta de todos é muito natural: eles ficaram assustados e caíram com o rosto por terra, cheios de medo. Rafael afirma humildemente que não é o único a receber qualquer crédito, pois aquela era a vontade de Deus. Então ele ordena-lhes para que se levantem e adorem ao Senhor. Tobit compõe uma alegre canção de louvor e a história termina com uma exortação para seguir os mandamentos de Deus.

A história de Tobias e Sara revela que, embora os caminhos de Deus não sejam os nossos caminhos e o tempo de Deus não seja o nosso tempo, Ele tem um plano. Ele está intimamente a par dos detalhes de nossas vidas e, em particular, de nossa vida amorosa. Tanto Tobias quanto Sara procuraram a vontade de Deus em primeiro lugar em suas vidas, e Deus os uniu de uma maneira magnífica.

Tudo o que Deus faz, Ele faz muito bem e perfeitamente. Deus não tem outra maneira de fazer as coisas. Nós, sendo feitos à imagem e à semelhança de Deus, temos o mesmo desejo de expressar nosso amor da forma mais perfeita e bela. Embora lamentavelmente possamos demonstrar nosso amor de modo limitado, algumas vezes, ao expressá-lo, ainda enfatizamos que o pretendemos.

Enquanto Tobias e Sara estão esperando para se casar, eles se concentram em Deus. Essa observação é relevante para nós hoje em dia, quando, muitas vezes, procuramos nosso "amor" para além da vontade de Deus. Como nesta história, Deus pode trabalhar por meio de algo ou alguém para fazer a Sua vontade... até mesmo por meio do fígado de um peixe! Tobias e Sara permitiram que Deus trabalhasse em suas vidas, apesar das complicações que surgiram. No final, eles tiveram um casamento decidido no céu.

Oração

Pai Celestial, aumenta nossa fé e nossa confiança em Tua misericórdia por nós. Ajuda-nos a confiar em Tua eterna vontade e bondade, especialmente quando estamos passando por nossos momentos mais difíceis. São Rafael, continua a ajudar as pessoas solteiras a descobrirem sua vocação e, se essa vocação for o casamento, leva-as a descobrir com alegria o seu cônjuge. Protege-nos de todo o mal e muda os nossos corações para que possamos aceitar alegremente o que está preparado para nós no céu. São Rafael, Tobias e Sara, rogai por nós. Amém.

Citação

> *Se você segue a vontade de Deus, sabe que, apesar de todas as coisas terríveis que lhe acontecem, nunca lhe faltará um refúgio final. Você sabe que a fundação do mundo é o amor, tanto que, mesmo quando nenhum ser humano puder ou estiver disposto a ajudá-lo, você pode seguir confiando n'Aquele que o ama.*
>
> *Papa Bento XVI*[*]

Perguntas para reflexão

1. Você consegue pensar em todos os acontecimentos de sua vida que foram, de fato, tão estranhos quanto uma história de ficção?

---

[*]Papa Bento XVI, *Jesus of Nazareth*. New York: Doubleday, 2007. p. 38.

2. Tobit e Sara encontraram na oração uma expressão para a sua agonia. Como a oração já o ajudou a lidar com o sofrimento ou com o conflito?

3. Como você incluiu ou pode incluir Deus em sua vida amorosa?

4. Em sua vida, você já foi ajudado por alguém que poderia ter sido um anjo disfarçado?

Conexão do amor

Seja um anjo para alguém que está em busca do verdadeiro amor. Lembre essa pessoa que ela não deve se preocupar, mas ser fiel e confiar em Deus em todas as coisas e sempre.

Capítulo 10

Os cantares de Salomão
O amante e amada

Beije-me com os beijos da sua boca; porque melhor é o teu amor do que o vinho.

Suave é o aroma dos teus unguentos; como o unguento derramado é o teu nome; por isso as virgens te amam.

Leva-me tu; correremos após ti. O rei me introduziu nas suas câmaras; em ti nos regozijaremos e nos alegraremos; do teu amor nos lembraremos, mais do que do vinho; os retos te amam. (Cânticos 1:2-4)

Sim, isso está na Bíblia!

Aparentemente, as palavras acima estariam mais propensas a aparecer em um romance ardente em vez de na Palavra inspirada de Deus. No entanto, elas são a Palavra inspirada de Deus! A inclusão delas no Antigo Testamento foi tão controversa na Igreja primitiva quanto o é agora. A natureza sexual e erótica do amante e da amada fala do poder que a sexualidade desperta dentro de nós.

Os Cantares de Salomão, ou Cântico dos Cânticos (que literalmente significa "a maior música"), é um diálogo entre dois amantes que exaltam a beleza e a natureza do amor em forma poética. O homem é chamado de "rei" e "pastor", ao passo que a mulher é chamada "irmã" e "noiva". As palavras deles exprimem o desejo mútuo que sentem um pelo outro, e as imagens são cheias de prazer sensual. O apelo aos sentidos é abundante: o toque, o som, a visão, o paladar e o olfato, todos esses sentidos ganham vida enquanto o leitor é intoxicado com óleos perfumados, especiarias, frutas, flores, árvores, canteiros, jardins secretos.

Em todo o livro são utilizadas analogias e comparações para demonstrar a profundidade e a magnitude dos prazeres dos amantes. "Seu amor é melhor do que o vinho" (1:2,4, 4:10, 7:9), "fragrância dos perfumes" (1:3,12; 3:6; 4:10), "belas faces" (1:10, 5:13), "os olhos como pombas" (1:15, 4:1), "os dentes como ovelhas" (4:2, 6:6), "o amante como uma gazela" (2:9,17; 8:14), "a voz da amada" (2:8,14, 8:13), "O Líbano poderoso" (3:9, 4:8,11,15; 7:4), e por aí vai. Todas essas imagens evocam os sentidos e tocam o coração.

Curiosamente, encontramos a mulher falando livre e assertivamente como um homem, o que era uma raridade naquela época e naquela cultura. A mulher está em pé de igualdade com o homem, e sobre os lábios de ambos podemos encontrar o louvor sensual e o desejo de um pelo outro. Somos arrebatados pelo belo presente de Eros, dado por Deus – que estimula o amor de forma romântica e erótica – e somos atraídos por uma profunda união com o outro.

> *Sou uma flor de Sarom, um lírio dos vales.*
>
> *Como um lírio entre os espinhos, é a minha amada entre as jovens.*
>
> *Como uma macieira entre as árvores da floresta, é o meu amado entre os jovens. Tenho prazer em sentar-me à sua sombra; o seu fruto é doce ao meu paladar.*
>
> *Ele me levou ao salão de banquetes, e o seu estandarte sobre mim é o amor.*
>
> *Por favor, sustentem-me com passas, revigorem-me com maçãs, pois estou doente de amor.*

O seu braço esquerdo esteja debaixo da minha cabeça, e o seu braço direito me abrace.

Mulheres de Jerusalém, eu as faço jurar pelas gazelas e pelas corças do campo: não despertem nem provoquem o amor enquanto ele não o quiser.

Escutem! É o meu amado! Vejam! Aí vem ele, saltando pelos montes, pulando sobre as colinas. (Cânticos 2:1-8)

No meio da excitação, há algumas palavras de cautela: "... não provoque ou desperte o amor até que ele esteja pronto!" Essa frase é repetida outras duas vezes ao longo de toda a canção poética. A união física por si só não nos leva tão perto como desejamos. Se vivido apenas no corpo, Eros, a expressão sexual do amor, pode trazer egoísmo, dor e exploração. Os resultados estão longe de ser aqueles que Deus deseja para nossa experiência. Como com todos os dons que Deus nos dá, quando empregado separadamente de sua vontade, esse presente acaba por ser manchado pelo pecado. O desejo desses dois amantes é mais que apenas uma expressão sexual, é uma viagem ao longo de uma vida juntos no amor.

A noite toda procurei em meu leito aquele a quem o meu coração ama, mas não o encontrei.

Vou levantar-me agora e percorrer a cidade, irei por suas ruas e praças; buscarei aquele a quem o meu coração ama. Eu o procurei, mas não o encontrei. (Cânticos, 3:1-2)

A busca, a saudade, o pensamento, as noites despertas pensando na amada, tudo isso é muito bem articulado nessas passagens. A experiência é comum a todos nós nos estágios iniciais do amor romântico e da atração. O vazio que se sente quando o outro não está por perto, quando a intimidade física não pode ser expressada. Por quatro vezes, há a referência à voz do amante, e o fascínio do amor que essa voz causa é arrebatador.

> *Coloque-me como um selo sobre o seu coração; como um selo sobre o seu braço; pois o amor é tão forte quanto a morte, e o ciúme é tão inflexível quanto a sepultura. Suas brasas são fogo ardente, são labaredas do Senhor.*
>
> *Nem muitas águas conseguem apagar o amor; os rios não conseguem levá-lo na correnteza. Se alguém oferecesse todas as riquezas da sua casa para adquirir o amor, seria totalmente desprezado. (Cânticos, 8:6-7)*

O poder e a natureza de unidade do amor são belamente expostos na expressão "Põe-me como selo sobre o teu coração". Um selo é uma forma distinta de identificação que se costumava usar ao redor do pescoço, pendurado por um cordão. Em Gênesis 38:18, lemos que Judá deixa seu selo e seu cordão com Tamar como um meio de identificação. Definir alguém como um "selo em teu coração" é a expressão externa de união interior com o outro. A morte era a maior força de que se tinha conhecimento no Velho Testamento, pois ninguém pode escapar do seu poder, já que ela se impõe a todos os povos, dos camponeses à realeza. O amor persegue o outro com o ardor, o fervor e a força esmagadora da mesma forma que a morte executa a todos. O amor recusa-se a falhar! O amor atinge o seu auge quando é descrito como sendo um "fogo que arde" e uma "chama enfurecida". Não se trata mais de mergulhar em busca da intoxicação temporária do prazer, mas de um desejo de abandonar-se ao autossacrifício para o bem do outro.

Não devemos nos surpreender com o fato de essas palavras cheias de imagens sexuais arrebatadoras aparecerem na Bíblia. A Palavra de Deus é, afinal, uma história de amor verdadeiro. Nossa sexualidade é um dom maravilhoso que Deus santificou quando ofereceu Seu primeiro mandamento a Adão e Eva: "Sede fecundos e multiplicai-vos" (Gênesis 1:28). O que surpreende é que não há nenhuma menção a Deus, à Torá, à oração, à aliança, ao pecado, a Moisés, aos profetas ou ao templo em todo o livro dos Cantares de Salomão. Esses termos, entretanto, aparecem regularmente em outros textos do Antigo Testamento. Embora a omissão dessas palavras seja interessante, isso não implica que Deus não está nelas representado. São João diz em I João 4:7-8 "... amemo-nos uns aos outros, pois o amor procede de Deus. Aquele que ama é nascido de Deus e conhece a Deus. Quem não ama não conhece a Deus, porque Deus é amor".

Talvez o nome de Deus não seja mencionado nessas passagens porque já esteja presente lá no fundo, juntamente com o encontro com o amor. Os amantes são livres e fiéis, buscam e desejam um ao outro. Não há medo, há apenas desejo de união, e é nesse desejo que encontramos Deus.

O Cântico dos Cânticos oferece belas imagens que revelam, em um nível espiritual, o amor que Deus tem por nós. Essas passagens santas falam em experiências e em linguagens com as quais podemos nos identificar. Ao longo de toda a Bíblia, Deus usa o tema do casamento para descrever o amor por seu povo (ver Oseias 2:16-24, Jeremias 2:2, Isaías 54:4-8 e 62:5). Ao descrever o amor divino, as palavras ficam aquém; portanto, Deus nos direciona a imagens que nos ajudam a experimentar o amor em um nível que podemos compreender.

Para mim, as duas palavras que resumem este livro são encontradas na boca de Jesus, bem como em qualquer Capela das Missionárias da Caridade, fundada por Madre Teresa: "Tenho sede". Madre Teresa de Calcutá revela a profundidade do amor de Deus por nós ao saciar diariamente essa sede Divina nas almas para as quais ela trabalha. O Cântico dos Cânticos é um ponto de partida para a reflexão sobre nossa relação com Deus, que anseia nos levar para o deserto e falar ao nosso coração do Seu amor.

Oração

Deus vivo, Amor Eterno e Fiel, orienta-me todos os dias de minha vida. Atrai-me para Teu coração e, em silêncio, deixa-me ouvir a Tua voz me chamando pelo nome para o mistério do Teu amor. Senhor Amado, ajuda-me a não temer a Tua presença, pois o amor perfeito extirpa todo o medo. Ajuda-me a amar e a receber Teu amor com total naturalidade. Sacia minha sede e encontra-me descanso e paz. Assim, o meu verdadeiro eu surgirá e irradiará minha alegria como um sol do meio-dia. Amém.

Citação

> *O amor é o nosso verdadeiro destino. Não encontramos o sentido da vida por nós mesmos – nós o encontramos em outra pessoa.*
>
> *Thomas Merton*[*]

Perguntas para reflexão

1. O que mais o impressionou no Cântico dos Cânticos? Você se surpreendeu com o fato de um livro tão romântico e erótico fazer parte da Bíblia?

2. Você se sente confortável com a imagem de Deus como um amante em busca do amor? Quais outras imagens de Deus falam a você?

---

[*]Thomas Merton, citado em www.no-nukes.org.

3. Quem o amou de maneira que chamou sua atenção?

4. O que o Cântico dos Cânticos diz sobre o desenvolvimento de uma sexualidade saudável?

Conexão do amor

Veja-se como a menina dos olhos de Deus. Peça a Ele a graça de experimentar de forma palpável o amor pessoal Dele por você.

Parte 2

O amor no Novo Testamento

Vários livros foram escritos sobre a palavra que traduzimos como *amor* nas páginas do Novo Testamento. Existem três principais traduções gregas para a palavra *amor*: *ágape*, *philia* e *eros*. O Papa Bento XVI explora maravilhosamente as profundezas e a compreensão cristã dessas palavras em sua Carta Encíclica *Deus Caritas Est* – uma leitura obrigatória para qualquer cristão sério que procura apreender o significado do amor. Esse texto do Papa é basicamente um encontro com uma pessoa: Jesus Cristo.

Na maioria das vezes, a palavra *eros* se refere ao amor sexual, à paixão pelo outro e à atração sexual. *Eros* aparece apenas duas vezes na tradução grega do Antigo Testamento e não é usada nunca no Novo Testamento. Os escritores do Novo Testamento provavelmente evitaram usar essa palavra em virtude de sua associação com práticas ritualísticas em que as prostitutas do templo eram contratadas para manifestar algum tipo de loucura divina. *Eros* foi resgatado pelo Cristianismo e, quando o corpo e a alma estão unidos, ele nos permite espelhar o amor divino que Deus tem por nós.

Philia significa amizade ou um elo que une as pessoas, e é a única palavra além de *ágape* usada no Novo Testamento para *amor*. Essa palavra caracteriza o amor que Jesus tem por seus discípulos.

Os escritores do Novo Testamento escolheram a palavra grega *ágape* para exemplificar o que significava o amor cristão. Essa é a palavra mais utilizada para *amor* no Novo Testamento. Uma observação que às vezes fica esquecida é que a língua materna de Jesus não era o grego e, por isso, ele nunca usou essa palavra. No entanto, todo o Novo Testamento foi escrito em grego e, como consequência, os autores utilizaram essa palavra quase que exclusivamente para transmitir o ensinamento de Jesus sobre o amor. Quando o Cristianismo deslocou-se para o oeste, da Palestina para a Ásia Menor helenizada, para a Grécia e para Roma, a língua mudou também, e assim nos deparamos com a palavra *ágape*.

Ágape é menos precisa que *eros* e *philia*, e essa pode ser a razão pela qual os autores do Novo Testamento optaram por usá-la. A palavra *ágape* – e as derivadas dela – aparece 341 vezes no Novo Testamento e pode ser encontrada em todos os seus livros. Então, o que podemos dizer dessa palavra tão importante? Simplificando, em essência, *ágape* significa sacrifício, foco no outro e preocupação incondicional, tanto com o próximo, quanto com o inimigo.

Na parábola do Bom Samaritano, o samaritano não sentia atração física pelo homem ferido, não era *eros*. Ele não era um conhecido, um membro da família ou um amigo com qualquer coisa em comum – portanto, não era *philia*. O que motivou o samaritano a parar e a se envolver na vida de um homem que fora ferido, despido e deixado quase morto na beira da estrada? Foi *ágape*. O samaritano viu um ser humano em crise e preferiu fazer o que era melhor para a vítima, ainda que a um preço alto para si. Assim, a compreensão de *ágape* não é encontrada por meio de estudos linguísticos do grego, mas nas páginas da própria Bíblia. Como a parábola do Bom Samaritano deixa claro, mesmo quando não encontramos a palavra *amor* na história, o amor está bem ali, encarando-nos face a face.

Embora estudar as origens gregas e hebraicas dos termos possa ser útil, devemos perceber que as palavras têm limitações. Para o cristão, o amor é definido não tanto pelas palavras, mas pelas ações de Jesus, que é o Verbo de Deus feito carne (João 1:14). Pode-se dizer que, na figura de Jesus, o amor se fez carne e habitou entre nós. Desse modo, o amor é uma questão de vontade que envolve tanto nossa cabeça quanto nosso coração. Temos a liberdade para amar ou para não amar. Podemos escolher quem amamos, o que amamos, quando amamos e como amamos. Como cristãos, seremos conhecidos como seguidores de Jesus não tanto pela recitação do nosso credo, mas pela qualidade do nosso amor.

> *Um novo mandamento vos dou: Que vos ameis uns aos outros; como eu vos amei a vós, que também vós uns aos outros vos ameis. Nisto todos conhecerão que sois meus discípulos, se vos amardes uns aos outros. (João 13:34-35)*

São João nos diz em sua primeira carta que:

> *No amor não há temor, antes o perfeito amor lança fora o temor; porque o temor tem consigo a pena, e o que teme não é perfeito em amor. Nós o*

amamos a Ele porque Ele nos amou primeiro. (I João 4:18-19)

Ágape, em última análise, tem sua origem em Deus, e aqueles que experimentam esse amor na pessoa de Jesus Cristo desejam compartilhá-lo com os outros.

Capítulo 11

Zacarias e Isabel

Amor fiel e fé que faz nascer

Zacarias e Isabel nos são apresentados nos primeiros versículos do Evangelho de Lucas e são o primeiro casal que encontramos nesse evangelho. Zacarias era da divisão sacerdotal de Abias, e Isabel era uma das filhas de Aarão. Imediatamente ficamos sabendo que esse casal tem uma linhagem e uma história familiar muito boas. Também ficamos sabendo que "... eram ambos justos perante Deus, andando sem repreensão em todos os mandamentos e preceitos do Senhor." (Lucas 1:6). Uma boa referência para o currículo, não?!

No entanto, o versículo seguinte nos informa que eles não tinham filhos, já que Isabel "era estéril" e "avançada em idade" – o que era um golpe severo e humilhante para qualquer casal que desejava ter filhos. Na cultura em que eles viviam, não ter filhos poderia ser visto como um castigo de Deus e ser motivo para um divórcio. No entanto, Zacarias e Isabel começaram sua jornada juntos, acreditando no amor provinte de Deus e nas tradições de Israel, e juntos eles terminariam seus dias, unidos pelo matrimônio.

Isabel e Zacarias eram justos: conheciam a Deus; eram bem instruídos e fiéis à aliança; observavam os mandamentos e faziam isso sem culpa. O casal orou a Deus pedindo por um filho, e suas orações foram atendidas. Ficamos sabendo que, quando Zacarias estava pregando no santuário do Senhor, enquanto queimava o incenso, sua oração havia sido ouvida por Deus. Sua oração revela que eles ansiavam por um filho natural. Entretanto, os anos de espera e de oração sem ter esse filho não os impediu de cumprir seus deveres religiosos e de não abandonar a fé. Eles confiavam no Senhor.

Em virtude dessa fidelidade, podemos presumir que Isabel e Zacarias estavam familiarizados com a história da salvação, como Deus trabalhou ao longo da história para se revelar e resgatar seu povo. Tenho certeza de que os pensamentos deles se voltaram para outras mulheres estéreis que Deus tornou fecunda, presenteando-as com uma criança. Tenho certeza de que eles também pensavam em mulheres como Sara, Rebeca, Raquel, a mãe de Sansão e Ana, a mãe do profeta Samuel, que desempenharam um papel fundamental para a história de Israel ao terem seus filhos. Nos tempos que precederam os Dez Mandamentos, alguns desses casais estéreis resolveram as coisas por conta própria e recorreram à prática cultural de tomar outra mulher como uma segunda esposa para gerar um herdeiro varão. Ao tomar uma segunda esposa, esses casais revelavam uma falta de confiança no poder de Deus de viabilizar uma criança. Zacarias e Isabel, entretanto, foram fiéis um ao outro e ao Senhor, mesmo em tempos difíceis, quando suas esperanças e seus desejos não são imediatamente cumpridos. Eles confiaram na oração.

O Shemá Israel, ou Shemá, é uma bela oração judaica encontrada em Deuteronômio 6:4 e é conhecida pelos judeus e pelos cristãos: "Ouve, Israel, o Senhor nosso Deus é o único Senhor". Por ordem de Deus ao seu povo, a oração é oferecida por judeus observantes duas vezes por dia, primeiro ao se levantar pela manhã e depois, novamente, quando se recolhem à cama à noite. É a primeira oração ensinada a uma criança judia e a última oferecida por um judeu fiel antes de deixar esta terra. As palavras do Shemá estão contidas na Mezuzá, que é afixada no umbral das portas das casas dos judeus. Essa bela oração, que Jesus conheceu e orou (ver Marcos 12:28-34), era bem conhecida por Zacarias e Isabel. Embora a profundidade do significado e da aplicação dessa prece mereça estudo, a primeira palavra da ordem de Deus é para "ouvir".

Um dos desafios enfrentados pelas pessoas de todas as idades é a capacidade de ouvir – realmente ouvir um ao outro e a Deus. Nosso mundo inteligente e tecnológico nos permite enviar *e-mails*, mensagens de texto e mensagens instantâneas entre nós, mas será que a verdadeira comunicação efetivamente ocorre? Estamos apenas lançando informações sem que um verdadeiro diálogo ocorra? Embora Deus certamente possa responder mais rápido que uma mensagem instantânea, nós frequentemente não estamos interessados em ouvir em Seu tempo. Muitos santos escreveram que o silêncio é necessário para penetrarmos mais profundamente na vida espiritual. Embora esse silêncio possa parecer, à primeira vista, a ausência de Deus, ele nos leva um passo mais próximo de compreender a primeira língua do Senhor – o silêncio. É no silêncio que Deus está totalmente presente.

O silêncio de 400 anos de Deus é quebrado com um simples anúncio a Zacarias e, mais tarde, a Maria. Quando o anjo fala a Zacarias, suas primeiras palavras são: "Não tenhais medo". Embora a presença de um anjo – ninguém menos que Gabriel – deixe Zacarias com medo, as palavras "Não tenhais medo" são bastante diretas e audíveis. Os anos de silêncio, os anos de espera por uma resposta ao desejo profundo de ter um filho, encontraram a resposta de Deus para estes fiéis filhos de Israel.

Depois de saber que sua esposa está grávida, Zacarias oferece um cântico de louvor, que é um passeio pela história da salvação. Ele menciona o Deus de Israel, Abraão, Davi, a aliança, a salvação, a santidade, a misericórdia, a justiça, a redenção, o perdão dos pecados e a misericórdia de Deus. Zacarias conhecia os relatos, mas parece que não esperava que ele e Isabel tivessem um papel tão relevante na história de Israel. A fidelidade desse casal à aliança, à adoração no templo e um ao outro revela uma vida de sacrifício, serviço e compromisso, e essa é a essência do amor.

O amor entre Zacarias e Isabel era um amor maduro, que confiou na providência de Deus. Seus olhos se abriram para o Senhor, que é imprevisível, mas nunca desleal. Seus olhos se abriram para Deus fazer algo novo em sua vida, apesar de sua idade avançada. Seus olhos se abriram para ver Gabriel, para ver seu filho, João, para ver Maria, serva do Senhor, e para ver Jesus, a promessa e o desejo de todas as nações. A boca de Zacarias se abriu para que ele pudesse proclamar sua fidelidade e seu amor por Deus.

Oração

Senhor Deus, do silêncio falaste a Zacarias e anunciaste uma boa notícia. Dá-nos a graça de ser fiel e obediente em meio aos conflitos, às dúvidas e às incertezas que a vida pode trazer. Deixa que Tua presença seja conhecida pelos casais que têm dificuldade em conceber um filho e dá a todos os casais um coração generoso e aberto à nova vida. Lembra-nos de não ter medo de nada nesta vida, pois Tu estás conosco em cada passo do caminho. Deus de surpresas, venha depressa. Amém.

Citação

> *Tudo vem do amor, tudo é ordenado para a salvação do homem: Deus não faz nada sem esse objetivo em mente.*
>
> *Santa Catarina de Siena*[*]

Perguntas para reflexão

1. Zacarias sentia Deus em um lugar de adoração. Alguma vez você já sentiu a presença de Deus de

---

[*] Santa Catarina de Siena, citada em www.catholicculture.org.

uma forma excepcional durante o culto? O que se destacou nessa experiência?

2. Como um casal, de que maneira vocês são fiéis a Deus? É mais difícil quando a vida não sai como o planejado ou é exatamente nesses momentos que a fé o une com seu cônjuge?

3. Você se sente confortável com o silêncio?

4. Existe algum lugar onde você possa ir e apreciar o silêncio? Alguma vez você já se deparou com Deus nesses lugares?

Conexão do amor

Faça disso uma prioridade diária: reserve um tempo para permanecer sozinho e em silêncio com Deus. Não peça nada, apenas esteja com Ele.

Capítulo 12

Maria e São José
Testemunhas silenciosas do amor

Muito pouco é revelado sobre José nas páginas dos Evangelhos. Embora seu nome seja mencionado cerca de dezoito vezes, ele é um homem sem palavras, mas certamente não sem testemunho. Ele permanece tão silencioso quanto as estátuas de mármore que retratam sua imagem. A maior parte da sua vida terrena está envolta em mistério. Não se sabe como ele morreu, mas, ainda assim, podemos imaginar como ele vivia. Além disso, nessas poucas referências, encontramos um homem que amou Maria e Jesus por meio do sacrifício.

Quando nos deparamos com José nos Evangelhos de São Mateus e de São Lucas, encontramos um homem que amava a Deus, amava sua mulher e amava Jesus. Seu silêncio não deve ser confundido com indiferença, pois observamos suas ações quase que exclusivamente em meio à crise. Sua apaixonada, embora árdua, demonstração de amor protetor continua a ser o modelo para todos os pais e maridos ao longo dos séculos e para épocas vindouras. O casamento entre Maria e José nos dá uma visão do amor tanto como esposo, quanto como pai.

Quando conhecemos Maria, no Evangelho de Mateus, ela nos é apresentada junto com José, de quem está noiva. Ficamos sabendo que José é um homem íntegro, honrado e que tem um relacionamento correto com Deus. No entanto, ele enfrenta uma crise imediata quando descobre que Maria está grávida. José tinha planos de deixá-la silenciosamente antes do casamento para não a expor às punições da lei, mas Deus tinha outros planos. O Senhor falou a José em sonho e disse para que ele ficasse com Maria. O homem, então, obedeceu à palavra de Deus e não quebrou um dos mandamentos mais violados nas Escrituras: Não tenhais medo! Ele confiou e obedeceu a Deus, e tomou Maria como esposa.

As bibliotecas estão cheias com o que já foi escrito sobre Maria: mulher, virgem e mãe. Maria, como todas as mães, estava lá desde o início. Desde os primeiros movimentos da criança em seu ventre, ela quis compartilhar sua alegria com Isabel e Zacarias, e louvou ao Senhor por sua gravidez, que era o cumprimento da Palavra de Deus e a esperança de toda a humanidade. José também estava presente nesses primeiros chutes em seu ventre e, juntos, essa Sagrada Família serviu de modelo de amor por meio da abertura de Maria à vida e por meio da obediência de José.

A próxima vez que nos deparamos com Maria e José, no Evangelho de Mateus, eles estão enfrentando outra crise. Herodes tem planos de destruir o rei recém-nascido e, por isso, José, "levantando-se, tomou o menino e sua mãe, de noite, e foi para o Egito. E esteve lá, até à morte de Herodes, para que se cumprisse o que foi dito da parte do Senhor pelo profeta, que diz: Do Egito chamei o meu Filho" (Mateus 2:14-15). José é obediente e demonstra um amor incondicional ao cuidar de Maria e ao proteger Jesus. Ele partiu durante a noite sem ter um plano, sem conhecer a língua, sem levar suas ferramentas e, como a maioria dos homens, completamente transtornado! Seu amor ficou evidente em suas ações e em cada etapa de sua viagem para o Egito – tudo pelo bem de sua família.

Sempre obediente à voz de Deus, José retorna do Egito, mas decide fazer sua casa em Nazaré. Arquelau, filho de Herodes, governava o território de seu pai, e isso voltaria a colocar Jesus em perigo. José fez o que foi necessário para manter sua esposa e seu filho em segurança.

No Evangelho de Lucas, lemos que Maria "... guardava estas coisas no seu coração". Tenho certeza de que São José estava no topo da sua lista. Aqui está o homem que é fiel e obediente a Deus. Ele se mantém estável diante de uma crise e é sempre fiel à sua esposa. As descrições e as metáforas que Jesus usa em seu ministério, com base em sua casa, estão repletas de imagens familiares saudáveis que certamente refletem a educação e o amor que ele recebeu em seu lar em Nazaré.

Finalmente, vemos José com Maria, em Jerusalém, em meio a outra crise: seu filho está perdido. Unidos como se fossem um, eles buscaram Jesus e o encontraram no templo. Nenhuma palavra de ira saiu dos lábios de José, embora Maria tenha dado voz às suas preocupações: "Filho, por que fizeste assim para conosco? Eis que teu pai e eu ansiosos te procurávamos" (Lucas 2:48). Em meio a essa crise, Maria e José procuraram juntos pelo filho e o encontraram em um lugar de culto.

É fácil imaginar Jesus sentado aos pés de José na oficina, observando o amor e o carinho com que José esculpia seu último trabalho. O cinzel e o martelo se torcendo e se virando, moldando a madeira, resultando em um trabalho que era funcional e artístico. A presença de José com seu filho deve ter causado impacto em Jesus da mesma maneira que qualquer pai influencia seu filho. E que paz Maria deve ter sentido! Afinal, o que pode ser mais animador para uma mulher que um homem que ama seu filho? Posso imaginar José levantando o martelo e depois o baixando com uma forte pancada, e depois outra e mais outra. Depois, voltando-se para Jesus, gesticulando com o braço estendido, ele diz "Agora é sua vez, vem, experimenta!". Ao refletirmos um pouco sobre o amor e o carinho que Jesus investiu ao elaborar suas parábolas e seus ensinamentos, que eram simultaneamente funcionais e belos, podemos ver a imagem de Deus (seu Pai Celestial) e o reflexo de José (seu pai terrestre).

Um casamento traz consigo a promessa de fidelidade "na alegria e na tristeza, na saúde e na doença, na riqueza e na pobreza". O amor de Maria e José resistiu ao teste do tempo e às provações da vida. Juntos, eles se uniram em confiança na providência de Deus e para cuidar com carinho de Jesus. Seu amor conjugal e paternal continua a ser um modelo para os fiéis e um desafio aos casais a serem fiéis a Deus e um ao outro.

Oração

São José e Maria, intercedei em favor dos casais e fortalecei a fé e o compromisso deles com Vosso Filho, nosso Senhor, Jesus. Que eles possam, por meio de uma fé sólida em Cristo e do amor fundado no sacramento do matrimônio, testemunhar o amor divino que vem de Deus. Que a atenção de São José à Palavra de Deus fortaleça e incentive os homens de hoje a tomar uma posição para o casamento e para a vida familiar, que está em crise. Pedimos isso em nome de Jesus e sob a proteção de Maria, Mãe de Deus, Mãe da Igreja e Mãe de todos nós. Amém.

Citação

> *São José é um homem de grande espírito. Ele tem uma enorme fé – não porque ele fala suas próprias palavras, mas, acima de tudo, porque ouve as palavras do Deus Vivo. Ele as ouve em silêncio. E seu coração incessantemente persevera, disposto a aceitar a verdade contida na Palavra do Deus Vivo.*
>
> *Papa João Paulo II*[*]

Questões para reflexão

1. Ao longo dos tempos, a Sagrada Família foi representada nas artes milhares de vezes. Você tem alguma imagem favorita de São José ou da Sagrada Família?

---

[*]Papa João Paulo II, citado em www.catholicnewsagency.com.

2. A ideia de ser uma família "santa" parece estar fora do alcance de muitos e, por isso, eles nunca se comparariam à Sagrada Família de Nazaré. Que elementos compõem uma família saudável e de que forma a sua família é sagrada?

3. Quem esteve presente para você em tempos de crise? Como essa pessoa (ou essas pessoas) fez a diferença?

4. Maria e São José ofereceram suas vidas para Deus e para Jesus. De que maneira aqueles que servem a Deus o abençoaram e de que maneira servir a Deus tem sido uma bênção para você?

Conexão do amor

Peça ao Espírito Santo para torná-lo mais atencioso com as mães e os pais que permanecem juntos em tempos de crise.

Capítulo 13

Jesus e a “pecadora”
Um amor que se derrama

A história da mulher pecadora ungindo os pés de Jesus com suas lágrimas e seu perfume é uma das mais belas histórias de amor do Novo Testamento. Ultrapassando as histórias de amor encontradas em romances baratos ou em especiais de TV, essa história de amor é profunda, esplêndida e continua a tocar o coração e a alma de todos que a ouvem. Apesar de seu silêncio, a mulher, que é apenas identificada como "pecadora", mostra um amor profundo e constante por Jesus.

Jesus aceitou o convite de Simão, um fariseu, para jantar em sua casa. A hospitalidade é lendária no Oriente Médio e foi uma honra poder dar uma festa para Jesus, um jovem rabino da Galileia que tinha a reputação de ser um grande mestre e milagreiro. Seria costume oferecer um beijo de paz na entrada da casa (II Samuel 15:05, 19:39; Mateus 26:49), uma tigela de água para lavar a poeira dos pés do hóspede e, dependendo da riqueza do hospedeiro, o azeite perfumado para ungir os cabelos (Salmo 23:05 b, 45:7, 92:10, Amós 6:6). Tratava-se de um costume, e não de uma exigência, mas Jesus constata a ausência de tais rituais.

Uma das chaves para visualizar essa história é compreender que Cristo "reclinou" sobre a mesa. A palavra grega para reclinar é *anaklínome*, que significa "deitar-se". Este modo de jantar, típico do Oriente Médio, dispunha os convidados em torno de um triclínio (uma mesa de três faces próxima ao chão). Eles ficavam deitados sobre o braço esquerdo e apoiados em almofadas. A mão direita ficava, assim, livre para se alimentar e os pés esticados para trás.

Foi nessa casa que uma mulher entrou e se dirigiu imediatamente para os pés estendidos de Jesus. Embora não fosse convidada, ela entrou. Não era incomum entrar sem ser convidado em uma casa em que estava presente um sábio ou um mestre da lei apenas para ouvir seus ensinamentos.

O que acontece depois é extraordinário e cada cabeça presente na sala se virou e cada mandíbula caiu em descrença. A pecadora caminhou em direção aos pés de Jesus e, chorando, começou a banhar-lhe os pés com suas lágrimas. Ela, então, deixou cair seus cabelos, que provavelmente estavam cobertos, para enxugá-las. Em seguida, beijou os pés de Jesus e continuou a derramar o bálsamo de um vaso de alabastro sobre eles. As ações dessa mulher são uma das mais generosas exposições de afeição pública dadas a Jesus durante seu ministério na Terra.

Os cabelos de uma mulher eram e continuam sendo considerados uma "parte particular" em grande parte do Oriente Médio, e são revelados somente ao marido na noite de núpcias. Nesse encontro notável, podemos ver a pecadora mostrando seus cabelos em público para Jesus, um ato de fidelidade, carinho e compromisso. Ela toca-lhe com ternura e beija-lhe os pés, outro ato de humildade e carinho. Finalmente, unge os pés com o perfume: o amor generoso se derrama pela casa.

Não seria exagero supor que essa mulher era uma prostituta. Simão a identifica como uma "pecadora", e o indício a respeito de seu pecado está no frasco de alabastro, pois não era incomum que as prostitutas ungissem os seus parceiros com óleos e perfumes caros. Entende-se que a mulher tinha certa quantidade de riqueza e foi provavelmente bem-sucedida em seu ofício anterior, já que o frasco de alabastro era uma importação cara do Egito.

O que incomodou Simão não foi necessariamente o toque em Jesus, mas quem o estava tocando. Simão parece defender a posição de que um profeta é alguém que evita os pecadores, enquanto Jesus defende a de que um profeta é alguém que, por meio de suas ações, mostra o amor para com os pecadores e aceita a resposta de amor vinda deles.

Por que o derramamento de amor por esse rabino da Galileia? Jesus dá a resposta: "Por isso te digo que os seus muitos pecados lhe são perdoados, porque muito amou; mas aquele a quem pouco é perdoado pouco ama" (Lucas 7:47). Porque, por ter recebido o perdão de seus pecados, a mulher demonstra um grande amor. Essa é uma afirmação ousada quanto à divindade de Jesus, porque só Deus pode perdoar o pecado. Jesus aceita a exposição de amor e elogia a pecadora por isso, outra afirmação ousada sobre a posição de Jesus. Somos lembrados de outra mulher, sem nome e calada, a madrasta de Pedro, que também serviu Jesus após receber o seu toque de cura.

Jesus não tem medo de defender essa mulher pecadora que o limpou e o beijou e o ungiu repetidamente. Sua reputação não importava para Jesus. Ele vê uma mulher que estava despedaçada, oprimida por seu pecado, mas ainda assim uma mulher criada à imagem de Deus, criada para amar e ser amada. Isso é que é justiça social! Jesus está disposto a tomar uma posição nada popular e até mesmo a desafiar Simão em sua própria casa astutamente por meio de uma parábola, a fim de defender suas ações. Ele deu voz aos sem voz, o que atingiu Simão profundamente. As ações tomadas por aquela mulher com o objetivo de honrar Jesus contrastam com a omissão de Simão.

A única resposta aceitável para o amor é o amor. Aquela mulher, agora perdoada e completa, transbordando com o amor de Jesus, derramou seu antigo modo de vida aos pés do seu Senhor.

A história termina com Jesus reconhecendo sua fé e garantindo-lhe seu perdão ao se dirigir a ela: "Vá em paz". Essa paz é mais do que apenas uma disposição interior de estar livre da ansiedade e da culpa que, sem dúvida, seu ser estava todo inundado. Essa paz, pelo contrário, transmite a bênção, a prosperidade e a plenitude de um judeu para outro. Jesus a devolvia novamente para a comunidade e a deu as boas-vindas de volta ao povo escolhido de Deus.

Oração

Senhor Deus, envia o Teu Santo Espírito em nossos corações para que possamos ter a sabedoria para saber o que derramar sobre seus pés. Purifica-nos de tudo o que nos separa de Ti, para que possamos refletir a Tua imagem e semelhança. Permita que, humildemente, aproximemo-nos de Ti no sacramento da reconciliação e deixa a nossa resposta ser como a dessa mulher humilde e sem nome, que serviu e adorou o próprio corpo de Cristo. Que, mediante a adoração e o serviço aos pobres, nossa resposta seja tão bonita quanto a dela. Oramos em nome de Jesus. Amém.

Citação

> *Você sabe muito bem que Nosso Senhor não olha tanto a grandeza das nossas ações, nem mesmo sua dificuldade, mas o amor com que as realizamos.*
>
> *Santa Teresa de Lisieux*[*]

Perguntas para reflexão

1. Você já foi desrespeitado, como Jesus foi durante o jantar na casa de Simão? Como você se sentiu e como reagiu?

2. Jesus não teve medo de confrontar a injustiça de uma forma que foi, ao mesmo tempo, eficaz e criativa. Alguma vez você já tomou uma posição em defesa de uma pessoa ou de uma causa? Você teve de pagar algum preço por isso?

---

[*]Santa Teresa de Lisieux, citada em www.ncregister.com.

3. Essa mulher derramou seu antigo modo de vida aos pés de Jesus. Você acha que pode fazer isso hoje? Além do sacramento da reconciliação, existem outras práticas eficazes que você emprega para ajudar a "deitar fora" as dificuldades da vida?

4. O perdão que essa mulher experimentou a levou a agir. Como você pode traduzir sua fé em uma ação diária?

Conexão do amor

Ofereça o dom da sua existência e seu tempo a Jesus: passe dez minutos por dia com Ele em oração.

Capítulo 14

São Paulo e Barnabé Fortalecidos e incentivados no amor

Algumas pessoas estão permanentemente ligadas umas às outras: Abbot e Costello, Lennon e McCartney, Lewis e Clark, Simon e Garfunkel, só para citar alguns exemplos. É difícil imaginar um sem o outro. No Novo Testamento, seria difícil encontrar uma dupla mais próxima que Barnabé e Paulo: eles eram unha e carne.

Se procurar por Barnabé nos Atos dos Apóstolos e nas Epístolas de São Paulo, você encontrará 34 vezes referências a ele. Dessas 34 menções, 29 aparecem nos Atos dos Apóstolos. Quando começamos a ler sobre ele, ficamos sabendo que seu antigo nome era José, mas os apóstolos o renomearam Barnabé, que significa "filho da exortação" (Atos 4:36). Em grego, o nome é *Paraklesis*, que pode significar encorajamento, exortação, consolo ou conforto. A função e o caráter de uma pessoa que incentiva não devem ser pensados como sendo menores que todas as outras funções na comunidade: lembre-se de que o Espírito Santo é referido como o *Parakletos*, o Advogado e Consolador.

Foi Barnabé quem apresentou aos apóstolos Saulo, cujo nome, mais tarde, seria mudado para Paulo, depois de sua experiência com Jesus ressuscitado. Talvez Barnabé tenha reconhecido a autenticidade da conversão de Paulo e compreendido que ele também fora chamado para ser apóstolo (Atos 9:26-27). Depois encontramos Barnabé indo até Tarso procurar Paulo e, em seguida, levando-o para Antioquia, após ouvir que os gentios estavam recebendo o Espírito Santo (Atos 11:25-26). Barnabé sabe da missão de Paulo com os gentios e sabe que Paulo precisa estar em Antioquia para ver o que Deus está fazendo entre os povos. Barnabé é o elo inicial entre os gentios e Paulo, e incentiva Paulo a estar onde Deus precisa que ele esteja.

As próximas 25 vezes que lemos sobre Barnabé em Atos dos Apóstolos vemos seu nome citado 13 vezes imediatamente antes e 12 vezes imediatamente após o nome de Paulo. Barnabé e Paulo, e Paulo e Barnabé! Duas ervilhas em uma mesma vagem! Surpreendentemente, é apenas na primeira descrição de Barnabé, em Atos 4:36, que vamos encontrar menção a ele sem referência a Paulo.

O amor e o respeito que esses homens tinham um pelo outro é evidente na forma como eles trabalhavam, pregavam, ensinavam e sofriam juntos pelo evangelho. No amor conjugal, há uma união de corpos, neste amor, a *philia*, há uma união de almas e intenções. No ministério, eles eram iguais, e ambos partilhavam a proclamação da Boa Nova. Lucas resume o personagem Barnabé dizendo: "Porque era homem de bem e cheio do Espírito Santo e de fé" (Atos 11:24). E Lucas continua, fazendo um importante adendo: em todos os lugares em que Barnabé foi, "muita gente se uniu ao Senhor".

Que impacto Barnabé deve ter tido na formação inicial da teologia de Paulo e no exercício da pregação enquanto Paulo estava em sua companhia! Barnabé não tinha medo de estar com Paulo em momentos de turbulência. Quando os crentes em Jerusalém suspeitaram dele, ele estendeu a mão com carinho. Sem dúvida Barnabé ajudou e incentivou Paulo a se tornar tudo o que Deus o havia chamado para ser. Será que Paulo poderia ter atingido seu potencial sem um amigo como Barnabé em sua vida? O poder do Espírito Santo operou na vida de Paulo, assim como pode operar na nossa. O incentivo que outras pessoas nos oferecem também é poderoso, pois ele é realmente um dom que chega à carne a partir do Espírito. São Paulo e São Pedro viram o estímulo como vital para os envolvidos na vivência da fé, como é evidenciado nas seguintes passagens:

> *O qual vos enviei para o mesmo fim, para que saibais do nosso estado, e ele console os vossos corações. (Efésios 6:22)*

> *E enviamos Timóteo, nosso irmão, e ministro de Deus, e nosso cooperador no evangelho de Cristo, para vos confortar e vos exortar acerca da vossa fé. (I Tessalonicenses 3:2)*

> *Portanto, consolai-vos uns aos outros com estas palavras. (I Tessalonicenses 4:18)*

> *Que pregues a palavra, instes a tempo e fora de tempo, redarguas, repreendas, exortes, com toda a longanimidade e doutrina. (II Timóteo 4:2)*

> *Por Silvano, vosso fiel irmão, como cuido, escrevi abreviadamente, exortando e testificando que esta é a verdadeira graça de Deus, na qual estais firmes. (I Pedro 5:12)*

O amor entre Barnabé e Paulo de fato sofreu um golpe:

> *E alguns dias depois, disse Paulo a Barnabé: "Tornemos a visitar nossos irmãos por todas as cidades em que já anunciamos a palavra do Senhor, para ver como estão". E Barnabé aconselhava que tomassem consigo a João, chamado Marcos. Mas a Paulo parecia razoável que não tomassem consigo aquele que desde a Panfília se tinha apartado deles e não os acompanhou naquela obra. E tal contenda houve entre eles, que se apartaram um do outro. Barnabé, levando consigo a Marcos, navegou para Chipre. (Atos 15:36-39)*

A discussão não foi por causa de uma interpretação do que eles acreditavam sobre Jesus ou sobre Sua missão, mas por causa de João Marcos, primo de Barnabé, que tinha desertado em uma missão anterior. Barnabé quis levá-lo com eles na outra jornada, pois estava disposto a dar outra oportunidade a João Marcos.

Tendo a acreditar que Barnabé estava disposto a dar uma segunda chance a João Marcos. Talvez a decisão de partir tenha sido melhor para João Marcos, que alguns estudiosos acreditam ser o autor do Evangelho de São Marcos. Anos mais tarde, Paulo acha utilidade no anteriormente inútil Marcos, como revelado na epístola de conclusão do apóstolo. "Toma Marcos, e traze-o contigo, porque me é muito útil para o ministério" (II Timóteo 4:11).

E em Colossenses 4:10, observamos que o outrora rejeitado jovem trabalhador foi elogiado, e os santos de Colossos foram convidados a serem receptivos com ele. "Aristarco, que está preso comigo, vos saúda, e Marcos, o sobrinho de Barnabé, acerca do qual já recebestes mandamentos; se ele for ter convosco, recebei-o". Assim, embora Barnabé e Paulo nem sempre tenham tido a mesma opinião a respeito de João Marcos, eles ainda tinham, sim, um único propósito: divulgar o evangelho.

Fico contente que Lucas, o autor dos Atos dos Apóstolos, tenha decidido incluir esse episódio um tanto embaraçoso da vida desses dois grandes missionários, pois tal episódio revela que podemos ter diferenças com aqueles que amamos e confirma que a reconciliação real pode acontecer – o que é um desafio para muitos hoje em dia.

No final, Barnabé e Paulo trabalharam juntos e demonstraram um amor que tinha sua base no incentivo e no sacrifício. Que possamos ser incentivados pelo amor e pela amizade desses dois homens e reconhecer aqueles que nos levam para mais perto de Deus por meio da Palavra e da ação.

Oração

Jesus, nosso Bom Pastor, ajuda-nos a mostrar o amor, encorajando um ao outro. Envia Teu Espírito Santo para nos incentivar em nossa vida de fé quando a estrada parecer muito difícil, ou quando sentirmos que estamos percorrendo sozinhos esse caminho. Guia-nos a amizades que incentivam e edificam. Quando há desespero ou depressão, deixa a luz do Teu amor ser meu guia, pois Tu estarás sempre ao meu lado. Em nome de Jesus, oramos. Amém.

Citação

Como é o amor? Ele tem mãos para ajudar os outros. Tem pés para apressar aos pobres e necessitados. Tem olhos para ver a miséria e a necessidade. Tem ouvidos para ouvir os suspiros e as tristezas dos homens.

É assim que é o amor.

Santo Agostinho[*]

Perguntas para reflexão

1. Quem é a pessoa que você conhece que mais o incentiva?

2. Há alguém em sua vida que sempre tem as palavras certas na hora certa?

---

[*]Santo Agostinho, citado em www.catholic.org.

3. Alguma vez você já "pegou" alguém fazendo a coisa certa e o incentivou? Por que é mais fácil criticar que incentivar?

4. Como reformular uma observação crítica pode fazer toda a diferença na forma como nos relacionamos uns com os outros?

5. Como você pode ser um "Barnabé" em seu casamento, em sua família, com seus amigos e no trabalho?

Conexão do amor

Faça um esforço para incentivar alguém hoje. Permita-se destinar um tempo a ouvir, no silêncio do seu coração e pelos outros, a palavra afirmativa que Deus tem para você.

Capítulo 15

Paulo, Silas e Lídia

O amor que é açoitado

São Paulo não foi um cavaleiro solitário em seu ministério, mas teve muitos companheiros que trabalhavam com ele em suas viagens missionárias. Alguns desses cristãos que o ajudavam – e outros que até lhe abriram suas casas – eram homens e mulheres cujos nomes estão registrados nas páginas da Escritura: Timóteo, Tito, Epafrodito, Evódia, Síntique, Clemente, Filémon, Áfia, Arquipo, Febe, Priscila e Áquila, Epafras, Marcos, Aristarco, Demas, Lucas, Sóstenes e Apolo – isso para nomear e honrar apenas alguns.

Silas foi um dos discípulos de Jesus que acompanhou São Paulo. Silas, ou Silvano, como também é conhecido, é mencionado 14 vezes no Novo Testamento. Ele foi enviado com São Paulo e Barnabé a Antioquia para comunicar as decisões do Concílio de Jerusalém à comunidade dos gentis (não judeus) na Síria. Quando Paulo e Barnabé discutiram sobre João Marcos, Silas foi escolhido por Paulo para acompanhá-lo em sua segunda viagem missionária à Síria, Cilícia e Macedônia. Silas estava com Paulo em Filipos e também estava envolvido com Paulo quando uma revolta eclodiu em Tessalônica – o que os levou a deixar cidade em direção a Bereia, onde Paulo deixou Silas, voltando a encontrá-lo apenas em Corinto. Paulo menciona que Silas estava com Timóteo e o ajudou a pregar em Corinto. Silas também é mencionado como o homem por meio de quem Pedro se comunicou e é considerado por alguns estudiosos como sendo o autor dessa epístola. A tradição católica diz que

Silas foi o primeiro bispo de Corinto e que morreu na Macedônia.

Esses dois homens, Paulo e Silas, foram açoitados por causa do amor. Em Atos dos Apóstolos, está registrado que,

> *no dia de sábado saímos fora das portas, para a beira do rio, onde se costumava fazer oração; e, assentando-nos, falamos às mulheres que ali se ajuntaram. E uma certa mulher, chamada Lídia, vendedora de púrpura, da cidade de Tiatira, e que servia a Deus, nos ouvia, e o Senhor lhe abriu o coração para que estivesse atenta ao que Paulo dizia. E, depois que foi batizada, ela e a sua casa, nos rogou, dizendo: "Se haveis julgado que eu seja fiel ao Senhor, entrai em minha casa, e ficai ali. E nos constrangeu a isso". (Atos 16:13-15)*

Lídia é considerada a primeira europeia a se converter ao Cristianismo. Lemos que ela é uma adoradora de Deus e que está aberta a ouvir o que Paulo tem a dizer sobre Jesus. Ela acreditava em seu marido e foi batizada com ele. Depois, ela começa a servir a Paulo e o convida para ficar em sua casa.

Enquanto estava na cidade, Paulo se dirige até o templo e se depara com uma "escrava", que tem o "espírito de adivinhação", capacidade que rendeu uma grande quantidade de dinheiro aos seus proprietários. Essa escrava seguiria Paulo e os discípulos e os clamaria, dizendo: "Estes homens, que nos anunciam o caminho da salvação, são servos do

Deus Altíssimo". E isso fez ela por muitos dias. Mas Paulo, perturbado, voltou-se e disse ao espírito: "Em nome de Jesus Cristo, te mando que saias dela. E, na mesma hora, saiu" (Atos 16:17-18).

Podemos supor que esse seria o fim, mas a história muda de direção porque seus donos haviam agora perdido uma valiosa fonte de renda.

> *E, vendo seus senhores que a esperança do seu lucro estava perdida, prenderam Paulo e Silas, e os levaram à praça, à presença dos magistrados. E, apresentando-os aos magistrados, disseram: "Estes homens, sendo judeus, perturbaram a nossa cidade. E nos expõem costumes que não nos é lícito receber nem praticar, visto que somos romanos". E a multidão se levantou unida contra eles, e os magistrados, rasgando-lhes as vestes, mandaram açoitá-los com varas. E, havendo-lhes dado muitos açoites, os lançaram na prisão, mandando ao carcereiro que os guardasse com segurança. O qual, tendo recebido tal ordem, os lançou no cárcere interior, e lhes segurou os pés no tronco. (Atos 16:19-24)*

É difícil imaginar a humilhação e o açoitamento por que Paulo e Silas passaram. Despidos, espancados, açoitados e acorrentados com feras – bem-vindo à vida missionária com São Paulo!

Acho incrível que Paulo e Silas mantiveram segredo sobre uma coisa muito importante, a saber, que eles eram cidadãos romanos. Como você vê, eles não precisavam ser açoitados naquele dia. Tudo o que eles tinham de fazer era abrir a boca e dizer: "Esperem! Vocês não podem nos açoitar ou nos tratar dessa maneira até que sejamos julgados porque somos cidadãos romanos". Se eles tivessem dito isso, o espancamento teria cessado imediatamente e os soldados ficariam aterrorizados.

Por que eles se calaram diante da injustiça? Por que não reclamarem seus direitos como cidadãos romanos? Por que sofreram essa humilhação? Eles fizeram isso por causa do amor!

No meio da noite, um terremoto abalou a prisão enquanto Paulo e Silas estavam orando, e os magistrados decidiram deixá-los partir na manhã seguinte.

> *Mas Paulo replicou: "Açoitaram-nos publicamente e, sem sermos condenados, sendo homens romanos, nos lançaram na prisão, e agora encobertamente nos lançam fora? Não será assim; mas venham eles mesmos e tirem-nos para fora". E os quadrilheiros foram dizer aos magistrados estas palavras; e eles temeram, ouvindo que eram romanos. E, vindo, lhes dirigiram súplicas; e, tirando-os para fora, lhes pediram que saíssem da cidade. E, saindo da prisão, entraram em casa de Lídia e, vendo os irmãos, os confortaram, e depois partiram. (Atos 16:37-40)*

Antes de deixarem a cidade, eles foram para a casa de Lídia, pois, aparentemente, Paulo e Silas quiseram enviar uma mensagem para a polícia e para os magistrados daquela cidade. Eles poderiam facilmente ter processado aqueles que os prenderam, mas foram açoitados e, após serem liberados, foram acompanhados pelos magistrados e policiais à casa de Lídia.

Qual é a mensagem que Paulo e Silas precisam enviar? Por que eles simplesmente não saíram lá o mais rápido possível? Implicitamente, eles estão comunicando que Lídia e sua família eram seus amigos. Se ficassem sabendo que qualquer coisa aconteceu a eles ou à sua nova comunidade cristã, a lembrança de como a cidade açoitou e aprisionou cidadãos romanos poderia voltar – portanto, afastem-se!

Paulo e Silas defenderam heroicamente esses novos crentes e levaram uma surra que não mereceram. Eles deram seus próprios corpos para serem açoitados, a fim de proteger Lídia e sua família. Eles foram punidos injustamente, mas com honra, exatamente como o seu Senhor fizera.

O verdadeiro amor demonstra a disposição de sofrer, mesmo no meio da injustiça. Eu me pergunto como Lídia e sua família reagiram ao amor protetor demonstrado por Paulo e Silas. Será que Lídia pensou: "Nossa, quem são esses homens que tomaram uma surra e foram humilhados por nós e em nosso benefício e segurança?". Pergunto-me o que os soldados pensavam dessa pequena comunidade cristã que amava tanto uns aos outros que estavam dispostos a serem açoitados. Sem dúvida, a pregação dos primeiros discípulos teve um grande impacto sobre muitos. Entretanto, foi a atuação deles, expressa pelo autossacrifício e pelo sofrimento, que revelou a profundidade de seu amor, de seu ágape, assim como seu Mestre.

Oração

Senhor Jesus, dá-nos o que Paulo e Silas demonstraram por meio do amor sacrificial que eles aprenderam com o Senhor, que levou nossos pecados com Tua morte injusta e humilhante na cruz. Permita-nos resistir a toda injustiça, mas dá-nos o Teu coração e a Tua alma para que possamos sofrer com dignidade e honra. Paulo e Silas, rogai por nós e sejais nossos guias em nosso trabalho missionário de compartilhar o amor de Cristo com os outros, especialmente com os que estão em casa, com nossos entes queridos e com aqueles que sofrem injustiças. Nós vos pedimos por Cristo nosso Senhor. Amém.

Citação

> *A caridade é nossa grande virtude porque é a grande virtude de Jesus... O amor de Deus é o amor ao próximo. Não há melhor prova, nenhuma prova mais verdadeira do grande amor de Deus que um grande amor ao nosso próximo. O amor ao próximo é demonstrado pela paciência e pela provação, pelos trabalhos corporais e espirituais de misericórdia. Um tratamento do próximo que seja imprudente, rude,*

pouco ou nada fraternal não é Cristão e demonstra uma grande ausência do amor de Deus.

Padre Thomas A. Judge[*]

Perguntas para reflexão

1. Quem tem sido seu amigo fiel ao longo dos anos? Essa amizade alguma vez já foi testada ou passou por uma crise?

2. A injustiça frequentemente permanece em nossa lembrança por muito tempo. Alguma vez você já foi tratado injustamente? Como você compara a sua reação à reação de Silas e Paulo?

3. Lídia deve ter ficado abismada com a esplêndida demonstração de amor, feita para ela e para a igreja em sua casa. Alguma vez alguém já o abismou com amor inesperado?

4. A vida de São Paulo foi cheia com açoitamentos e sofrimento. De que maneira sua fé lhe dá forças para superar os sofrimentos da vida?

---

[*]Padre Thomas A. Judge. *Meditations* (publicação particular), p. 199.

Conexão do amor

Reserve um tempo para agradecer a Jesus pelo enorme amor que Ele sente por você e procure oportunidades de estender a mão ao próximo com o mesmo amor gigantesco.

Capítulo 16

Paulo, Onésimo e Filemom

Amor livre

No mundo antigo, as pessoas podiam se tornar escravas por uma série de razões. Já no nascimento, as crianças nascidas de escravos eram consideradas escravas. Os prisioneiros de guerra podiam ser vendidos como escravos e havia, ainda, aqueles que se vendiam como escravos para pagar as dívidas. A escravidão não era incomum nos tempos do Novo Testamento. O próprio Jesus, na parábola do servo impiedoso, menciona a prática de um mestre vendendo seu servo juntamente com toda a família e os bens. São Paulo usa dezoito vezes a imagem da escravidão em seus escritos e várias vezes refere-se a si como um escravo de Jesus Cristo (Romanos 1:1, Gálatas 1:10, Filemom 1:1, Tito 1:1). São Paulo ensinou que o escravo cristão pertence ao Senhor e proclamou intensamente a igualdade espiritual dos escravos e das pessoas livres.

> *Porque o que é chamado pelo Senhor, sendo servo, é liberto do Senhor; e da mesma maneira também o que é chamado sendo livre, servo é de Cristo. Fostes comprados por bom preço; não vos façais servos dos homens. Irmãos, cada um fique diante de Deus no estado em que foi chamado. (I Coríntios 7:22-24)*

No entanto, a realidade de ser um escravo é diferente de usar a escravidão como uma analogia. É essa realidade que desafia um homem chamado Filemom, um seguidor de Jesus. Filemom é o proprietário de um homem chamado Onésimo, cujo nome significa "benéfico" e "útil". Terá o amor a última palavra na maneira como Filemom trata seu escravo?

Uma das ironias dessa pequena epístola de São Paulo é que ele mesmo estava preso no momento em que escreve seu apaixonado apelo pela libertação de seu "filho na fé", Onésimo. Além de ser proprietário de escravos, Filemom também sediava a celebração eucarística em sua casa, uma prática comum nos primeiros anos do Cristianismo. Ele provavelmente ouviu a pregação de São Paulo e se tornou um cristão. São Paulo menciona na epístola que teve "grande gozo e consolação do teu amor, porque por ti, ó irmão, as entranhas dos santos foram recreadas" (Filemom 1:7). Nessa epístola, fica evidente que Filemom foi um amigo querido e íntimo de São Paulo.

Há duas linhas de interpretação sobre o relacionamento de Onésimo, Filemom e São Paulo. A primeira sugere que Onésimo era um escravo fugitivo que tomou algo de seu senhor, Filemom, apenas para, mais tarde, conhecer São Paulo na prisão e se tornar um cristão. Paulo envia Onésimo de volta ao seu mestre e pede que Filemom tenha misericórdia e clemência na punição do escravo. A segunda interpretação considera Onésimo como escravo enviado por Filemom para ajudar a cuidar de Paulo na prisão. Por causa desse contato com São Paulo, Onésimo se converte ao Cristianismo e aspira permanecer com o santo e fazer parte de suas atividades missionárias. Assim, São Paulo amorosamente pede a Filemom um grande favor: libertar Onésimo, que agora era um irmão em Cristo de Filemom e um filho na fé de São Paulo.

Em várias ocasiões, São Paulo já havia usado a persuasão de sua escrita em comunidades cristãs que ele fundara. De todos os seus escritos, sua epístola aos Gálatas foi, talvez, o sua fundação mais forte. Nessa epístola, entretanto, ele usa a arte da persuasão paterna para graciosamente pedir que Filemom receba Onésimo como ele mesmo o faria, ou seja, como um irmão cristão, e não como um escravo.

> *Por isso, ainda que tenha em Cristo grande confiança para te mandar o que te convém, todavia peço-te antes por amor, sendo eu tal como sou, Paulo, o velho, e também agora prisioneiro de Jesus Cristo. Peço-te por meu filho Onésimo, que gerei nas minhas prisões; o qual noutro tempo te foi inútil, mas agora a ti e a mim muito útil; eu to tornei a enviar. E tu torna a recebê-lo como às minhas entranhas. (Filemom 1:8-12)*

O recurso de São Paulo é baseado no *ágape*, o amor que não reivindica direitos para si, mas procura o que é benéfico para o outro. São Paulo inicialmente (até o versículo 16, sendo sua epístola composta por 25 versículos) refere-se a Onésimo como "meu filho" e não como um escravo. Filemom teria de ir contra as normas da cultura para aceitar o pedido de São Paulo, embora São Paulo tenha lhe assegurado que Onésimo agora lhe seria útil.

Embora não saibamos o resultado do pedido de São Paulo, sabemos que o amor que transformou Saulo em São Paulo foi o mesmo amor que transformou Filemom em um irmão amado que renovou o coração dos crentes. No final da epístola de São Paulo aos Colossenses, ouvimos mais uma vez de Onésimo:

> *O qual vos enviei para o mesmo fim, para que saiba do vosso estado e console os vossos corações; Juntamente com Onésimo, amado e fiel irmão, que é dos vossos; eles vos farão saber tudo o que por aqui se passa. (Colossenses 4:8-9)*

Podemos supor que, além de Tíquico e Onésimo falarem aos colossenses sobre a situação de São Paulo, também falaram do amor de Filemom ao tratar Onésimo como irmão no Senhor. Agora úteis um ao outro, continuaram a espalhar o evangelho do amor de Deus.

Oração

Bendito seja Teu Santo Nome, Jesus, Senhor e Deus, Tu te humilhaste e tomaste a forma de um escravo, a fim de nos libertar. Obrigado pela liberdade que Tens e nos ajuda a permanecer firmes contra todos os que escravizam os outros por meio do tráfico de seres humanos e de sistemas de governo injusto. Ajuda-nos a libertar aqueles que estão escravizados pelo pecado, pelo medo e pela ignorância com o nosso anúncio da boa nova por gestos e palavras. Dirige nossos passos pela oração. Que nunca percamos de vista a dignidade de cada ser humano e que possamos sempre ser úteis e benéficos a Teu serviço. Pedimos isso em nome de Jesus. Amém.

Citação

A Igreja nos ensina que a misericórdia pertence a Deus. Peçamos-Lhe para derramar sobre nós o espírito de misericórdia e de compaixão, de modo que sejamos preenchidos com elas e que nunca as percamos. Apenas analise o quanto precisamos de misericórdia.

São Vicente de Paulo[*]

Perguntas para reflexão

1. Quais são as primeiras palavras que vêm à sua mente quando ouve a palavra "escravidão"? Por que São Paulo se refere a si mesmo como um escravo? Quais são algumas das semelhanças entre ser um escravo e um ser discípulo de Jesus?

2. São Paulo viu que Onésimo era realmente "útil". Existe pessoas em sua vida que o fazem pensar em sua utilidade? Como nossa fé desafia a crença de que algumas pessoas são inúteis?

3. Que contribuições você traz para seu casamento, sua família e sua comunidade paroquial?

---

[*]São Vincente de Paulo, citado em www.chonline.org.

Conexão do amor

Mediante os olhos da fé, verei todas as pessoas como benéficas e criadas à imagem e à semelhança de Deus.

Capítulo 17

Jesus, Lázaro, Maria e Marta

Um amor mais forte que a morte

Não é fácil contar a história de Lázaro sem saltar rapidamente para o final, quando Jesus o ressuscita dos mortos. Entretanto, antes de os homens de iniciativa removerem a pedra e antes de ouvirmos Jesus chamar Lázaro do túmulo da morte para a vida, das trevas para a luz, temos um vislumbre dessa relação de amor que Jesus cultivou com Maria, Marta e Lázaro. A morte de Lázaro provocará e revelará a profundidade do amor que Jesus, Maria, Marta e ele compartilhavam.

> *Mandaram-lhe, pois, suas irmãs dizer: "Senhor, eis que está enfermo aquele que tu amas". E Jesus, ouvindo isto, disse: "Esta enfermidade não é para morte, mas para glória de Deus, para que o Filho de Deus seja glorificado por ela". Ora, Jesus amava a Marta, e a sua irmã, e a Lázaro. Ouvindo, pois, que estava enfermo, ficou ainda dois dias no lugar onde estava. (João 1:3-6)*

A notícia da morte de um ente querido não nos é estranha, mas, pelo contrário, faz parte da vida e, por mais que possamos odiar ter de ouvi-la, não podemos fugir dela. Jesus não foi o primeiro nem o último a chorar a morte de um amigo. Essa é uma experiência que a maioria das pessoas pode se identificar. Não importam as circunstâncias da morte do ente querido para que o sentimento de perda, de dor e de confusão nos afete profundamente. Mesmo quando a morte possa parecer uma bênção, os dias e os meses que se seguem são, muitas vezes, preenchidos por lágrimas, tristeza e luto.

Quando Jesus recebe a notícia sobre a morte de seu amigo Lázaro, ele responde aos seus discípulos com palavras de fé e de confiança na providência de Deus. No entanto, quando se depara com o sofrimento das duas irmãs de Lázaro, ele sucumbe e chora com elas. Tão evidente é a tristeza de Jesus, que a multidão reage: "Vede como o amava" (João 11:36).

Que bela cena, Jesus, Maria e Marta, juntamente com a multidão, chorando abraçados pela perda de um amigo, um ente querido. Apoiar-se um no outro e estar presente durante um momento de tristeza e perda muitas vezes é suficiente. A agonia da separação que a morte traz nesta vida foi vivida por Jesus, que chorou desavergonhadamente com seus amigos. O fato de saber que Lázaro seria ressuscitado dentre os mortos de modo algum significava que Jesus fosse indiferente à emoção humana. Nossa fé em Deus não deve nos impedir de chorar nenhuma perda ou dificuldade que enfrentamos em nossa vida, já que elas fazem parte de um plano de Deus. Por que outro motivo teríamos nossos canais lacrimais?

Lemos que Jesus adiou sua chegada quando ouviu falar que Lázaro estava doente "... ficou ainda dois dias no lugar onde estava" (João 11:6). Por que Jesus se atrasou e permitiu que seu amigo morresse? Por que Jesus permitiu que as irmãs de Lázaro vivessem a agonia de ver seu irmão morrer, quando sabemos que ele realmente o amava? Onde está o amor no adiamento?

Este é o ponto onde a fé entra em cena. A fé de que Jesus sabe o que está fazendo, mesmo quando a situação é trágica. Maria e Marta ecoam esses sentimentos e dizem: "Senhor, se tu estivesses aqui, meu irmão não teria morrido" (João 11:32). No entanto, não é aí que a resposta de Marta termina, pois sua amizade com Jesus não se baseia em receber bênçãos, nem sua fé é apenas uma ascensão intelectual para a crença em Deus. Ela afirma bela e poderosamente em sua própria voz que:

> *Disse-lhe Marta: "Eu sei que há de ressuscitar na ressurreição do último dia". Disse-lhe Jesus: "Eu sou a ressurreição e a vida; quem crê em mim, ainda que esteja morto, viverá; E todo aquele que vive, e crê em mim, nunca morrerá. Crês tu isto?" Disse-lhe ela: "Sim, Senhor, creio que tu és o Cristo, o Filho de Deus, que havia de vir ao mundo". (João 11:24-27)*

A fé de Marta está na pessoa de Jesus. Todo o seu ser testemunha essa crença e na forma como ela trata Jesus como "Senhor", "Cristo" e "Filho de Deus". Maria também reconhece que Jesus está no controle, tanto por meio de suas palavras, ao se dirigir a ele como "Senhor", quanto pelo fato de que ela se ajoelhou a seus pés em sinal de adoração e submissão à sua vontade.

A amizade verdadeira não escapa ou vacila no primeiro problema que surge. A amizade e o amor são capazes de fazer, sem medo, as perguntas difíceis. Conhecemos nossos verdadeiros amigos especialmente durante os tempos de provação e sofrimento. Os Provérbios nos lembram: "Em todo o tempo ama o amigo e para a hora da angústia nasce o irmão" (Provérbios

17:17). A amizade e o amor de Maria e de Marta não declinam, mesmo quando Jesus adia sua chegada durante a doença do seu irmão. E, por causa de sua fidelidade, essas duas mulheres presenciaram um dos milagres mais memoráveis e marcantes presente nos Evangelhos: Jesus ressuscitou Lázaro dos mortos.

Quais foram as primeiras palavras de Lázaro? O que Marta, Maria e Jesus disseram-lhe após retirarem a mortalha? Quem deu o primeiro abraço em Lázaro? Qual foi a reação daqueles que removeram a pedra? De que maneira Lázaro via a vida agora? Você não adoraria poder ter estado lá? Eu só posso imaginar que não importa as palavras, as lágrimas novamente fluíram e os amigos se abraçariam.

Lázaro morreria novamente uma morte terrena, mas sabemos que o amor nunca termina. Da mesma forma, nossa existência terrena não é, na verdade e na fé, nosso destino final, pois temos uma ligação com a glória e com a vida eterna! O amor e a amizade que experimentamos nesta vida com Jesus continuarão por toda a eternidade. Embora façamos grandes esforços pelas amizades e exijamos bastante delas, tudo é uma prévia da amizade e do amor final com Jesus no céu, em que a morte não tem a última palavra e não haverá mais tristezas ou lágrimas.

Oração

Pai Celestial, o medo da morte agonia todos nós, de uma maneira ou de outra. Lembra-nos de que, para aqueles que morrem na fé, existe a promessa de vida eterna. Quando a morte de um familiar ou e de um amigo nos tocar, lembra-nos das Tuas palavras: "Não tenhais medo", e ajuda-nos a permanecer fiéis. Deixa que nossas lágrimas fluam livremente e que elas possam ser um sinal exterior de desejo de reencontro no céu. Às vezes, quando sentimos que o Senhor está ausente de nosso sofrimento e de nossa dor, ou que o Senhor está adiando seu auxílio, ajuda-nos a ver que nada vem a nós a não ser por Tuas mãos e que o amor tem a palavra final. Amém.

Citação

Recentemente, minha esposa, com quem eu estava casado há quinze anos, morreu de ataque cardíaco súbito e me deixou com quatro filhos, três meninas (de 12, 11 e 6 anos) e um menino (de 10 anos). Este foi um evento dramático que mudou a minha vida, mas, depois de refletir sobre a história de Lázaro, fiquei confortado. Como Jesus e Lázaro, minha esposa Kathy era minha melhor amiga. Apesar de sermos opostos em vários aspectos, ambos partilhávamos uma forte fé em Deus.

Quando Jesus soube da doença de Lázaro, ele sabia que o amigo morreria e, da mesma forma, posso dizer que também sabia que Kathy morreria. Minha experiência em anatomia e fisiologia humana me levou a essa conclusão quando minha esposa estava em coma. Enquanto o resto da minha família e ami-

gos orava por sua recuperação, fui buscar a força do Senhor para me ajudar a lidar com o futuro. Minha principal preocupação era e é a criação e a educação de nossos filhos.

Pergunto-me: por que Jesus esperou dois dias para retornar à Judeia? Foi porque ele precisava de tempo para sofrer sozinho ou será que ele tinha outros compromissos? Quanto a mim, eu precisava de um tempo sozinho. Quando a família foi ao hospital para a visita, eu saí para procurar um espaço tranquilo fora dali e encontrei o banco frio de um parque. Durante aquele tempo, chorei e, mais importante, busquei o apoio e a força de Deus, concentrando-me em orar por meus filhos.

Um ano já se passou desde a morte de Kathy e, ao contrário de Lázaro, ela não ressuscitou dos mortos. Fiquei apenas com as boas recordações de minha amizade e de meu amor por Kathy e com a esperança de me reencontrar com ela no céu. Permaneço forte enquanto continua a vida, e criar e amar nossos filhos é como recolher os pedaços de nossa vida e colocá-los juntos bem cuidadosamente. Nós nos tornamos muito próximos e não temos a vida ou nós mesmo como algo certo. Vivemos cada dia nos concentrando no que Deus nos dá e não no que Ele leva de nós. Por isso, nossa fé em nosso Senhor Jesus Cristo tornou-se mais forte.

John Gresco[*]

---

[*]John Gresco, pai de família e professor de Anatomia e Fisiologia. Citado com permissão do autor.

Perguntas para reflexão

1. O que leva você a orar mais intensamente: uma notícia boa ou uma notícia ruim?

2. Você consegue se lembrar de um acontecimento que o levou a questionar o tempo de Deus?

3. O sofrimento e a morte são, muitas vezes, a razão pela qual as pessoas abandonam sua crença em Deus. Sua fé o fortaleceu nos momentos de provação?

4. De fato, pessoas de fé questionam o tempo de Deus, mas, ainda assim, prosseguem tendo fé. Que tipo de oração o ajuda a continuar prosseguindo com fé em sua vida?

Conexão do amor

Dedique tempo suficiente para lamentar as perdas de sua vida. Com fé e compaixão, estenda a mão àqueles que tenham sofrido uma perda, independentemente do tamanho dessa perda.

Capítulo 18

Priscila e Áquila

Um casal em prol de Cristo

Há cerca de 150 homens e mulheres casados que foram proclamados santos ou beatos pela Igreja Católica. Dentre esses notáveis santos que foram casados, destacamos Pedro, Thomas Moore, Elizabeth Ann Seton, Rita e Juan Diego. No entanto, existem poucos (se é que há) casais que chegaram à santidade como um par. (Note-se que cada cristão se torna um santo de acordo com o testemunho da Sagrada Escritura, Atos 9:32; Romanos 15:25, 31; Efésios 1:01; Colossenses 1:2; Judas 1:3, para citar alguns.) Todavia, permanece a distinção entre nos chamarmos de santos e reconhecermos aqueles que viveram uma vida heroica de martírio e até mesmo de fé.

Áquila e Priscila (também conhecida como Prisca) são o primeiro casal da igreja primitiva. Embora estejamos familiarizados com homens e mulheres que individualmente tiveram um impacto em favor de Cristo na comunidade cristã primitiva, Priscila e Áquila o fizeram como um casal. Eles amavam um ao outro e a Cristo, e abriram sua casa, seus corações e seu casamento a Jesus. Essa abertura ao Espírito de Deus, essa lealdade mútua, esse foco na missão, essa disposição a correr riscos, esses ensinamentos e essa hospitalidade são mais que admiráveis. Segundo a tradição, os dois foram martirizados em seu retorno a Roma, provavelmente na mesma época que São Paulo.

Áquila e Priscila eram judeus e foram obrigados a abandonar Roma quando, por volta de 49 d.C., o imperador Claudius proibiu os judeus de viverem lá. Eles então foram para a cidade de Corinto e lá se estabeleceram, pois eram fabricantes de tendas de comércio. Foi quando, em Corinto, eles conheceram São Paulo, que também era fabricante de tendas. Não há menção da conversão deles à pregação de São Paulo, por isso, é razoável supor que já eram cristãos, posto que inicialmente não havia comunidades cristãs em Roma.

Em seguida, Priscila e Áquila acompanharam São Paulo em suas viagens missionárias. Ambos são mencionados na saudação à comunidade cristã: “As igrejas da Ásia vos saúdam. Saúdam-vos afetuosamente no Senhor Áquila e Priscila, com a Igreja que está em sua casa” (I Coríntios 16:19). Eles também são saudados por São Paulo por meio de uma carta em Romanos 16:3 “Saudai a Priscila e a Áquila, meus cooperadores em Cristo Jesus” e em II Timóteo 4:19: “Saúda a Prisca e a Áquila, e à casa de Onesíforo”.

Um dos aspectos mais belos do amor deles era o fato de o casal estar unido na missão. Ao ouvir as pregações de um homem chamado Apolo, em uma sinagoga em Éfeso, eles descobriram que ele só conhecia o batismo de João (Atos 18:24-28). Em particular, Priscila e Áquila foram ao homem e explicaram o caminho de Deus com mais precisão. Pode-se imaginar a emoção que o casal sentiu ao ser privilegiado o suficiente para chamar a atenção a este articulado e persuasivo pregador para corrigi-lo. Isso significa que esse casal formidável tinha o respeito da comunidade cristã, o que lhes permitiu utilizar seu carisma de ensino para instruir e orientar. Que bela experiência deve ter sido para

Áquila e Priscila partilhar, como um casal, o autêntico ensinamento de Jesus com os outros!

Na carta de São Paulo aos Romanos, ele escreve para recomendar uma mulher chamada Febe para a igreja em Roma (Romanos 16:1-2). São Paulo então menciona o nome de 26 pessoas às quais gostaria de enviar saudações. Quem são as primeiras em sua lista? Priscila e Áquila. O que ele diz sobre eles? "Saudai a Priscila e a Áquila, meus cooperadores em Cristo Jesus, os quais pela minha vida expuseram as suas cabeças; o que não só eu lhes agradeço, mas também todas as igrejas dos gentios" (Romanos 16:3-4). Que belo testemunho de amor que Paulo, Priscila e Áquila compartilharam entre si quando estavam unidos no Senhor e na missão de espalhar a boa nova! Há muitas pessoas que podem compartilhar nossos ministérios, mas poucas delas estão dispostas a "arriscar seus pescoços", como Priscila e Áquila para São Paulo. A frase, "expuseram as suas cabeças" ainda hoje é usada em sentido figurado, mas, quando São Paulo as estava escrevendo, essas palavras tinham um sentido bastante literal. Morrer por causa do evangelho era uma possibilidade real naqueles tempos. Grande sacrifício, grande amor!

"As igrejas da Ásia vos saúdam. Saúdam-vos afetuosamente no Senhor Áquila e Priscila, com a Igreja que está em sua casa" (I Coríntios 16:19). Que imagem maravilhosa da Igreja se reunindo em uma casa e celebrando a Eucaristia, a partilha da fé, as Escrituras, os cânticos de louvor e uma refeição juntos! A hospitalidade, o calor e a intimidade em que partilhavam a vida, a fé e a ação foram iniciadas e provocadas por esse casal que abriu sua casa e seu coração aos outros.

Que belo exemplo para os leigos de hoje que os casais têm a oportunidade de partilhar o carisma por meio de seus casamentos! Um casal oferece um testemunho para a Igreja e para o mundo, expressando sua fé e unidade por meio de um ministério compartilhado. Quantas vezes a experiência de fé de um marido e uma esposa é tão diferente que não há a possibilidade de partilharem um ministério comum? Talvez o marido e a mulher sejam separados pela distância e pela ocupação, sem nunca ter a oportunidade de compartilhar o ministério. No entanto, Áquila e Priscila compartilharam seu ministério juntos. Com uma união de espírito e uma vocação, esse casal santo incentivou os fiéis.

Os casais de hoje em prol de Cristo se unem e servem a comunidade paroquial em vários ministérios e serviços educacionais, muitas vezes abrindo suas casas para compartilhar a fé. Não há dúvida de que os casais que partilham um ministério e a crença em Cristo podem compartilhar uns com os outros em um nível mais profundo, espiritual.

Oração

Deus Pai, Filho e Espírito Santo, abençoa os casais que abriram seus corações e seus lares para Ti. Abençoa os casais que estão unidos em Tua missão de educar os filhos na fé e que servem juntos na igreja. Que sejamos lembrados por nosso amor a Cristo e por nossa vontade de dar um passo de fé e de arriscar nossos pescoços para seguir a Tua vontade. Priscila e Áquila, rogai por nós. Amém.

Citação

> *Minha esposa e eu trabalhamos juntos – no preparo de um retiro e seus detalhes ou ao esquematizar um curso há vários meses. Descobrimos depois de mais de uma década de casamento que somos melhores juntos. Acho que também aprendemos a não somente aceitar os pontos fracos um do outro, mas a destacar nossos pontos fortes. Minha esposa, Cary, é uma surpreendente iniciadora, ao passo que eu tenho a tendência a ser um bom finalizador – levamos um tempo para descobrir isso, mas tornamos isso possível por meio de nossa fé comum em Cristo e dos detalhes da vida cotidiana.*
>
> *Mike Saint Pierre*[*]

Perguntas para reflexão

1. Você conseguiria pensar em algum casal que inspirou sua vida como cristão?

---

[*]Mike Saint Pierre, esposo, pai e diretor-geral do Morris Catholic High School. Citado com a permissão do autor.

2. Por que você acha que a Igreja tem tão poucos casais canonizados? Que qualidades a Igreja deve procurar em santos casados?

3. Não faz parte da mentalidade da maioria dos casais católicos pensar em ter um ministério ou uma missão juntos. Quais ministérios você poderia adotar como um casal para viver melhor sua vocação e compromisso batismal?

4. De que maneira você pode incentivar os membros mais jovens de sua família ou os casais que estão se preparando para o casamento a terem essa mentalidade de ministério?

Conexão do amor

Orarei com o meu esposo/esposa para que Deus nos leve a um ministério que possamos compartilhar.

Capítulo 19

Maria Madalena, Pedro e João

Encontrar um caminho de volta ao amor

Diz o ditado que uma crise não constrói o caráter, mas o revela. O mesmo pode ser dito sobre a amizade. Embora a Igreja tenha persistido em julgamentos e em escândalos ao longo dos séculos, nenhum julgamento é igual ao vivenciado pelos primeiros discípulos: a crucificação e morte de Jesus. Após a crucificação, lemos que três discípulos chegaram ao túmulo no domingo de manhã. Esses amigos estavam procurando Jesus.

A reação desses três discípulos e amigos de Jesus reflete muitas reações a Jesus semelhantes às que ainda hoje prevalecem. A primeira pessoa na cena da manhã de Páscoa é Maria Madalena. Ela apareceu no túmulo olhando para Jesus. Depois de ver que seu corpo não estava lá, Maria corre para contar a Simão Pedro, líder dos apóstolos, as notícias sobre a ausência do corpo de Cristo. Pedro também se dirigiu para o túmulo – o mesmo Pedro que, menos de 72 horas antes, negara ter conhecido Cristo.

Finalmente, Maria Madalena também informa ao "discípulo amado" a notícia da ausência do corpo de Jesus, o que o faz ultrapassar Pedro e chegar primeiro ao túmulo. Esse discípulo amado, que repousou com Jesus poucos dias antes e que estava presente com a Mãe de Cristo quando os soldados pregaram seu filho na cruz, agora se encontra na entrada da tumba. Ele espera Pedro chegar e depois o acompanha até o túmulo.

Embora Maria Madalena, Pedro e o discípulo amado tenham ido ao túmulo, as reações de cada um desses três amigos que amavam Jesus foram diferente e vale a pena serem examinadas mais de perto, pois foi o amor que os levou até o túmulo.

Maria foi buscar o corpo de Jesus e perguntou onde ele estava depois de ver a pedra revolvida. Ela disse: "Tiraram o meu Senhor e não sei onde o puseram". As palavras de Maria estavam baseadas na realidade do corpo perdido de Cristo. Alguns amigos de Jesus fazem a mesma pergunta: "Jesus, onde estás?" Buscamos Jesus e ficamos nos perguntando onde ele estaria. Maria buscou e encontrou Jesus Cristo, ou, melhor dizendo, o Senhor ressuscitado a encontrou.

O amor de Maria por Jesus é, muitas vezes, idealizado em romances populares, filmes e minisséries produzidas para a TV. A principal motivação para essa conspiração romântica tem como base interesses financeiros em vez de realidade histórica. O amor que Jesus tinha por Maria Madalena e o amor que ela correspondeu não eram o desejo sexual que nos bombardeia em todos os sentidos na sociedade atual. O amor de Maria é a resposta a um amor profundo e altruísta que o mundo tenta desesperadamente imitar. O conceito mundano de amor barato e gratificação instantânea é sempre deficiente e, por consequência, nunca pode satisfazer nossos desejos mais profundos. O amor entre Jesus e seus discípulos é um amor mais experiente, e não preenchido por palavras. Trata-se de um amor iniciado pelo próprio Deus através do Filho e do Espírito Santo que chama cada um de nós pelo nome próprio.

Alguém poderia, como fez Maria, perguntar: "Onde está o corpo de Cristo hoje?" Existem algumas maneiras de responder a essa pergunta. Em primeiro lugar, o corpo de Jesus pode ser encontrado em cada tenda, em cada altar, em todas as igrejas católicas do mundo. O Corpo de Cristo se encontra na Eucaristia. Pode-se explicar a transubstanciação que ocorre e podemos ler o Capítulo 6 de João e refletir sobre as palavras de Jesus: "a minha carne verdadeiramente é comida". No entanto, acredito que o melhor a fazer não seja explicá-lo, mas experimentá-lo na adoração e no recebimento da Sagrada Comunhão.

Em segundo lugar, o corpo de Cristo é encontrado nos pobres e abandonados, nos marginalizados e esquecidos. Madre Teresa nos lembra de uma forma bela que ele está presente disfarçado na pobreza do mais pobre entre os pobres.

O corpo de Cristo também é encontrado na comunidade dos crentes. Saulo de Tarso ouviu as palavras de Jesus a caminho de Damasco: "Saulo, Saulo, por que me persegues?". Saulo estava perseguindo a Igreja, o corpo de Cristo, com o qual Jesus identificava-se tão intimamente. Em ambos os exemplos acima podemos encontrar Cristo hoje em dia, desde que o busquemos, como o fez Maria.

Pedro também procura Jesus, ainda que permaneça em silêncio diante do túmulo. A ausência do corpo de Jesus é motivo de reflexão e especulação sobre o que teria ocorrido desde a sua morte. Por toda a Escritura, Pedro raramente está sem palavras. Será que ele fala as palavras erradas? Sim. Será que algumas palavras são ditas na hora errada? Sim. Nesse caso, no entanto, encontramos Pedro sem palavras. Seu silêncio no túmulo vazio aponta a dimensão contemplativa do crente que a Ressurreição demanda. Como a Eucaristia, uma coisa é simplesmente aceitar a Ressurreição pela fé, e outra, bem diferente, é permitir o poder da Ressurreição permear nossas vidas e transformá-las. Pedro foi transformado e fortalecido por esse poder.

Muitas vezes me pergunto o que se passou pela mente de Pedro durante esse tempo. Afinal, ele deve ter sido torturado pela culpa de ter negado Jesus três vezes. Jesus previu essa negação e olhou para Pedro no momento em que o galo cantou. Eu me pergunto se a previsão de Jesus sobre sua negação fez Pedro refletir sobre outra previsão feita por Jesus: a de que ele seria entregue, sofreria, seria crucificado e ressuscitaria no terceiro dia. Se a previsão de negação de Jesus tornou-se realidade, não poderia a predição da ressurreição ser também verdadeira?

A amizade de Pedro com Jesus não termina na cruz, mas começa novamente na divisão do pão – e essa mesma amizade levaria o próprio Pedro para uma cruz, em Roma, mais de trinta anos depois. Pedro recebeu algo após a Ressurreição, algo que lhe deu a sabedoria para fazer as melhores escolhas e guiar a Igreja primitiva em sua missão de espalhar a boa nova. Ele recebeu o Espírito Santo. Esse é o mesmo Espírito que Deus nos oferece e deseja derramar sobre nós. É o dom do próprio Deus. Que melhor presente poderia ser dado a um amigo que o próprio dom? O Espírito Santo traz os dons e os seus frutos, o que nos permite responder ao amor de Deus e segui-lo aonde quer que ele possa nos levar.

O discípulo amado entrou no sepulcro, viu e creu. Crença! Que resposta maravilhosa a um amigo e a Deus. Mas o que permitiu João ver e acreditar? Sem dúvida, foi o amor que Jesus sentia por ele. Esse amor dá ao discípulo amado uma visão que Pedro não tinha, pois lhe permitiu ter fé imediatamente quando ele entrou e viu o túmulo vazio e a mortalha de lado. Quando uma pessoa é amada por outra, eles são capazes de ver, na pessoa amada, coisas que ninguém mais pode ver. O impacto de ver o túmulo vazio e de acreditar que a Ressurreição se estenderia para o resto da vida do discípulo. Ele nunca mais foi o mesmo. Ele deve ter irradiado a presença de Deus, da mesma maneira que Moisés quando desceu do monte depois de se encontrar face a face com Deus.

Talvez possamos trocar de lugar com os três amigos de Jesus no túmulo na manhã do primeiro dia da semana depois da crucificação. Talvez, como Maria, perguntemo-nos: "Jesus, onde estás?", Talvez sejamos como Pedro, calmamente refletindo ou especulando sobre o que ouviu e viu agora e sobre o que aquilo significava para sua vida e para seu futuro. Espero que possamos trocar de lugar com o discípulo amado que viu e acreditou. Se você é como eu, talvez seja uma combinação desses três amigos e dependa de seu estado de espírito e da situação. Gostaria de dizer que sou exatamente como o discípulo amado, mas sou, como tantos de nós, uma obra em andamento. Como os amigos de Jesus que se reuniram em volta do túmulo em busca do Salvador, podemos ter certeza de que nossa busca não será em vão. Nossa amizade com Jesus nunca será superada por sua generosidade.

Oração

Senhor Ressuscitado, ansiamos encontrá-Lo em cada momento de nossas vidas. Aumenta nossa fé e nos dá olhos para Te vermos em cada pessoa que encontramos, especialmente nos pobres e marginalizados. Deixa-nos ouvi-Lo falar nosso nome no silêncio de nossos corações. Dá-nos a graça de reconhecê-Lo, para que possamos ver e crer com mais firmeza. Em todas as nossas amizades, atraia-nos cada vez mais perto de Ti para que possamos experimentar a plenitude de vida que Tua morte e ressurreição conquistaram para todos nós. Amém.

Citação

Minha confiança está colocada em Deus, que não precisa de nossa ajuda para realizar Seus projetos. Nosso único esforço deve ser o de nos doarmos ao trabalho, sermos fiéis a Ele e não estragarmos Seu trabalho com nossos defeitos.

Santo Isaac Jogues, S.J.[*]

---

*Santo Isaac Jogues, S.J., citado em www.americancatholic.org.

Perguntas para reflexão

1. Seria correto dizer que você encontrou Jesus ou que ele encontrou você? Por quê?

2. Qual dos três discípulos apresentados nesse capítulo mais se assemelha a você? Quais são as qualidades desses discípulos que fazem que você se identifique com eles?

3. Onde você encontrou Cristo? Onde a revelação se dirigiu a você?

4. O que você teria dito se Jesus se virasse para você e dissesse seu nome, como aconteceu com Maria?

5. Que impacto você acha que o silêncio e a contemplação de Pedro tiveram em seu futuro papel como líder da Igreja?

Conexão do amor

Faça um esforço consciente para buscar a face de Cristo nos outros e pedir ao Espírito Santo para revelar a missão para a qual você foi chamado.

Capítulo 20

Jesus e Pedro
Chamado e comissionado

Uma nota interessante sobre vários personagens do Evangelho é que eles são conhecidos apenas por suas aflições ou seus pecados. Alguns exemplos incluem a mulher pecadora em Lucas 7, o paralítico em Marcos 2 ou o homem com a mão atrofiada, em Lucas 6:6-11. A decisão de não revelar seus nomes talvez os tenha salvado de constrangimento, mas também permitiu ao autor do Evangelho se concentrar nas ações de Jesus. No entanto, gostaria de saber mais informações e obter uma melhor imagem dessas pessoas sem nome.

Pedro é uma figura muito importante em que podemos ver o bem, o mal e o feio. Sempre mencionado em primeiro lugar em qualquer lista dos apóstolos, ele foi um dos primeiros a ser chamado por Cristo na costa do Mar da Galileia. Ele também foi um dos quatro primeiros apóstolos presentes na Transfiguração de Jesus; ele testemunhou em primeira mão a cura da filha de Jairo, os pães e os peixes, e a maioria, senão todos, os milagres de Jesus. Pedro ouviu Jesus contar suas parábolas, foi proclamado "rocha" por seu Senhor, foi repreendido por Jesus e até andou sobre a água por um tempo... antes de afundar. Que vida maravilhosa e completa vemos esse homem vivendo nas páginas dos Evangelhos!

Todos os quatro Evangelhos Canônicos contam a presença de Pedro na Última Ceia e sua consequente negação de seu conhecimento de Jesus. Após a terceira vez que Pedro negou Cristo, o galo cantou e ele se foi e "chorou amargamente" (Mateus 26:75). Como deve ter sido devastador! Ele reagiu de forma corajosa à questão colocada diante de Jesus: "E Simão Pedro, respondendo, disse: 'Tu és o Cristo, o Filho do Deus vivo'." (Mateus 16:15-16). Pedro agora se encontra desviado de Jesus pela sua tríplice negação.

Como você se sentiria se fosse Jesus? Ele havia ensinado Pedro por três anos e exerceu nele todos os tipos de influência que um professor poderia exercer. Qual foi a resposta de Pedro? A negação. Pedro nega até mesmo conhece Jesus. Que opções Pedro tinha após sua vergonhosa decisão? Será que ele seguiria o caminho de Judas, que se voltou contra si e se suicidou depois de seu ato de traição?

Graças a Deus, temos o resto da história registrada no Evangelho de São João 21:15-19:

> *E, depois de terem jantado, disse Jesus a Simão Pedro: "Simão, filho de Jonas, amas-me mais do que estes?" E ele respondeu: "Sim, Senhor, tu sabes que te amo". Disse-lhe: "Apascenta os meus cordeiros". Tornou a dizer-lhe segunda vez: "Simão, filho de Jonas, amas-me?" Disse-lhe: "Sim, Senhor, tu sabes que te amo". Disse-lhe: "Apascenta as minhas ovelha"s. Disse-lhe terceira vez: "Simão, filho de Jonas, amas-me?" Simão entristeceu-se por lhe ter dito terceira vez: "Amas-me?" E disse-lhe: "Senhor, tu sabes tudo; tu sabes que eu te amo". Jesus disse-lhe: "Apascenta as minhas ovelhas. Na verdade, na verdade te digo que, quando eras mais moço, te cingias a ti mesmo, e andavas por onde querias; mas, quando já fores velho, estenderás as tuas mãos, e outro te cingirá, e te levará para onde tu não queiras". E disse isto, significando*

com que morte havia ele de glorificar a Deus. E, dito isto, disse-lhe: "Segue-me".

Não acredito que fosse Jesus quem precisava ouvir as palavras: "Sim, Senhor, tu sabes que eu te amo", mas Ele sabia que Pedro precisava dizê-las. Jesus deu a Pedro uma oportunidade para afirmar o seu amor e, em seguida, a autoridade de pastor supremo sobre todo o rebanho e nunca mencionou sua negação. Uma bela lição de amor, não é mesmo?

Que escolha para o líder da Igreja! Um homem que conhecia a falha e tinha recebido outra chance. Um enorme contraste com o nosso sistema político, no qual qualquer falha parece automaticamente reduzir a possibilidade de alguém alcançar uma posição de importância. Jesus sabia que Pedro tinha falhado, mas também sabia que aquilo fora apenas um empecilho. Ele não dispensou aqueles que falharam, nem faz isso hoje.

Ao ler as duas epístolas de São Pedro presentes no Novo Testamento, obtemos uma ideia no coração e na mente de um homem que esteve à frente da Igreja e foi chamado a dar sua própria vida para Cristo. O amor e o perdão dados e recebidos sem cobrança alguma entre Jesus e Pedro são exatamente o centro de toda a fé cristã.

As últimas palavras registradas de Jesus a Pedro são simples e profundas: "Segue-me". Essas palavras são ditas a um homem que conhecia suas próprias fraquezas e falhas, e que também sabia que Jesus nunca iria abandoná-lo, apesar de tudo. Mas essas palavras também são para você e para mim. Que possamos seguir o caminho de amor de Jesus e entrar no coração da Santíssima Trindade.

Oração

Senhor Jesus, Pastor-Chefe, Tu reinaste no céu com todo o poder e toda a glória. Tua misericórdia nos permite ter uma segunda chance e começar de novo sempre que damos um passo em falso em nossas vidas, mas nos esforçamos para seguir o Teu caminho de amor. Espírito Santo, venha! Estimule nossa espiritualidade e permite que nosso amor por Ti e por nosso próximo seja conhecido a todas as nações. Oh, Consolador e Espírito da Verdade, fortalece-nos na nossa fé que não pode tropeçar no seu caminho de amor. Permite-nos imitá-lo na tomada de todas as coisas novas. Que o Senhor, Jesus, reine sobre a Terra e em nossos corações, com misericórdia e amor. Nós Te pedimos por Cristo, Bom Pastor e sob a proteção de Maria. Amém.

Citação

Às vezes, em momentos de autopiedade, pensamos em nós como completos perdedores. Mas isso não pode ser verdade! Lembre-se de que até mesmo um relógio parado está certo duas vezes por dia. Em outras palavras, não importa quão ruim as coisas estejam, sempre temos algo a oferecer. Entretanto, a questão é esta: Os dons que você tem, por que eles lhe foram dados? O Novo Testamento grita em cada página: Os dons que você tem são para o apoio e a valorização das pessoas ao seu redor. É assim que devemos traduzir a concisa e bela frase de Jesus: "Amai uns aos outros".

Monsenhor James Turro[*]

Perguntas para reflexão

1. Como você reage quando uma celebridade ou uma figura pública faz algo criminoso ou simplesmente constrangedor? Existe uma sensação de prazer quando elas erram?

2. Todos tomamos decisões ruins em algum momento. Como você se sentiria se alguém tivesse escrito a respeito disso ou divulgado para que todos ficassem sabendo?

3. Após sua falha, Pedro não segue o caminho de autodestruição de Judas. Qual é sua reação inicial aos contratempos? Você aceita prontamente o perdão ou leva um tempo para superar os aborrecimentos?

---

[*]Monsenhor James Turro, citado em Turro, James. *Conversion: Reflection on Life and Faith.* Allen, Tex.: Tabor, 1983.

4. Você já pensou em dar a outras pessoas a oportunidade de dizer o que precisa ser dito? Se sim, como elas reagiram?

5. Como você encontra tempo para ouvir as palavras de perdão e de afirmação de Jesus em sua vida para que possa segui-Lo?

Conexão do amor

Diga a Jesus o seu amor por Ele e peça ao Espírito Santo para tornar sua missão clara enquanto a segue na providência de sua vida diária.

Capítulo 21

Considerações finais

Enquanto escrevo estas considerações da minha mesa de jantar, vejo minha esposa debruçada sobre nossa filha recém-nascida, Abigail, e minha pequena Sophia, de seis anos de idade, acariciando a barriga do bebê enquanto nossa Cataleen, de dois anos e meio, está atrás delas segurando uma fralda. É maravilhoso ver a resposta de amor que um recém-nascido pode desencadear em nossa família e principalmente em nossas crianças. A casa, é claro, é onde tudo começa, pois o lar é a grande escola do amor. Embora não sejamos, de forma alguma, uma família perfeita, acreditamos que quando o amor, expresso por meio de palavras amáveis e de ações como o sacrifício, o ofício e a abnegação, faz parte de nossa casa, podemos e vamos reconhecê-lo em outros lugares.

Ao refletir sobre essas histórias de amor na Bíblia, podemos pensar nas pessoas que amamos e que têm demonstrado amor por nós. O amor é, afinal, o que Jesus ordena e por bons motivos. Precisamos de amor. Precisamos dá-lo com generosidade e recebê-lo humildemente das mãos de Deus.

Que Deus possa nos levar a uma compreensão profunda, séria e pessoal de seu amor por nós, e que possamos, com a ajuda do Espírito Santo, permanecer naquele amor que nos traz a paz.

SOBRE O AUTOR

Allan F. Wright é marido, pai, professor e reitor acadêmico de evangelização da diocese de Paterson, New Jersey. Seu livro anterior, *Jesus in the House: Gospel Reflections on Christ's Presence in the Home*, ficou em primeiro lugar na categoria de "Vida Familiar" do Catholic Book Award, um prêmio da Associação da Imprensa Católica dos Estados Unidos e do Canadá. Allan mora em New Jersey com sua esposa, Desiree, e suas três filhas. *www.allanwright.org*.